Meditationen

Marcus Aurelius

In the interest of creating a more extensive selection of rare historical book reprints, we have chosen to reproduce this title even though it may possibly have occasional imperfections such as missing and blurred pages, missing text, poor pictures, markings, dark backgrounds and other reproduction issues beyond our control. Because this work is culturally important, we have made it available as a part of our commitment to protecting, preserving and promoting the world's literature. Thank you for your understanding.

Mark Aurel's

Meditationen.

Aus dem Griechischen

von

F. C. Schneider.

„Nun gilt es nicht mehr zu untersuchen, was ein tüchtiger Mensch sei; sondern einer zu sein." X, 13.

Breslau.
Verlag von Eduard Trewendt.
1857.

Vorwort.

Nachfolgende Blätter unternehmen es, das gebildete Publicum mit einer Schrift des griechisch-römischen Alterthums bekannt zu machen, die um ihrer selbst willen sowohl als wegen ihres Verfassers das Eigenthum nicht blos der Gelehrten, sondern aller derer zu sein verdient, denen die klassische Welt durch eine Reihe ausgezeichneter Uebersetzungen und Bearbeitungen griechischer und römischer Schriftsteller bereits aufgeschlossen und so der Gegenstand einer selbstständigen Beurtheilung geworden ist. Sollen wir ihren Inhalt kurz angeben, so möchten wir sagen, daß sie eine Philosophie des Lebens aufstellt, deren einzelne Sätze, wie dies die aphoristische Form des Buches andeutet, den Geist des Lesers mehr zu eigenem Nachdenken anregen als mit bestimmten Ideen und Anschauungen erfüllen wollen. Sie durchforscht zwar das Gebiet des menschlichen Handelns nach allen Seiten; betrachtet dessen Zwecke, Gegenstände und sittliche Formen; redet von den Pflichten gegen Gott und Menschen, gegen Freund und Feind; regelt unser Verhalten in Glück und Unglück; sinnt über den Ursprung und das Ziel der Welt im Ganzen sowie über Anfang und Ende des individuellen Seins; aber ohne systematischen Zusammenhang, also ohne den Leser an einen bestimmten Gedankengang zu binden: sondern wie Zeit und Ort und Gelegenheit dem

Verfasser alle diese Ideen nahe brachten, so spricht er sie aus in kurzer und bündiger Weise, in einfacher und edler Sprache; und wir — denken ihm nach und tragen, wenn es uns Bedürfniß ist, die Bausteine zusammen, verwundert, daß es, um das Gebäude aufzurichten, auch nicht an einem fehlt.

Werden wir soweit schon durch den Inhalt der Schrift an sich auf das Angenehmste beschäftigt, so kommt noch hinzu, daß sie uns zugleich in die geheime Werkstatt des Geistes eines der mächtigsten Fürsten, die je gelebt haben, einführt. Es hat zwar manch gekröntes Haupt gegeben, das sich nicht scheute auch in die Reihen derer zu treten, die durch literärisches Wirken nach dem Scepter greifen, dessen Handhabung dem menschlichen Wesen so wünschenswerth scheint. Aber diejenigen von ihnen mögen selten sein, welche dadurch der Welt näher kamen, welche durch ihre Schriften ihr Inneres offener darlegten als durch ihre Politik. Ihre schriftstellerischen Werke waren großentheils selbst nichts Anderes als Werke der Politik. Dagegen hat Mark Aurel seine Gedanken lediglich für sich aufgezeichnet, wie schon der Titel des Buchs: „Mark Aurel an sich selbst" besagt, ein Titel, der möglicher Weise zwar erst von den Herausgebern seiner Schrift gemacht ist, der aber das wahre Verhältniß ihrer Entstehung ausdrückt. Wahrscheinlich hat Mark Aurel an ihre Veröffentlichung gar nicht gedacht. So ist es des Kaisers Tagebuch, was wir vor uns haben, in welchem er sich von den Vorgängen seines inneren Lebens Rechenschaft giebt und die nach seiner Meinung einzig richtigen Grundsätze des Handelns sich vorhält nur um sich selber klarer zu werden, sich selber immer mehr zu binden an die seiner Einsicht offenbar gewordenen Normen. Und wenn es schon von großem Interesse ist, über den Standpunkt, den irgend ein bedeutender Mensch in der Erkenntniß Gottes und der Welt, des menschlichen Lebens und seines eigenen Wesens einnimmt, ein Urtheil zu gewinnen, so kann sich dieses Interesse nur steigern, wenn wir es mit einem Manne zu thun haben, von dessen Ansichten und Maximen das Schicksal eines Weltreiches abhing, mit einem Könige und Kaiser, dessen Persönlichkeit allein zu seiner Zeit darüber entschied, ob Furcht, Haß, Neid und Heuchelei, oder ob Liebe, Muth und Vertrauen das Blut durch die Adern des großen Staatsorganismus trieben, weil es in diesem Staatskörper keine Institutionen gab, durch die das Oberhaupt beschränkt gewesen wäre. Und was bildet den innersten Grund einer Persönlichkeit, wenn nicht ihre Grundsätze und Ansichten? Also gesetzt auch, die Weltgeschichte hätte uns von Mark Aurels Leben und Thaten und von den Zuständen des römischen Reichs unter seiner Regierung Nichts aufbewahrt, dem Leser seiner Meditationen würde es dennoch möglich sein, sich ein Bild davon zu machen, eben weil er in die Seele des Kaisers geblickt. Nun aber wissen wir aus der Geschichte genug von ihm, und was wir wissen ist auch nur wieder im höchsten Grade geeignet uns auf die Bekanntschaft mit seinem Gedankenleben begierig zu machen.

Die Historiker pflegen, wenn sie auf die Zeiten von Trajan bis Mark Aurel zu sprechen kommen, einen neuen Abschnitt mit der Ueberschrift: „die guten Zeiten" zu beginnen. Und Gibbon sagt: „Wenn Jemand aufgefordert werden sollte, die Periode in der Weltgeschichte anzugeben, während welcher die Lage des Menschengeschlechts die beste und glücklichste war, so würde er ohne Zögern diejenige nennen, welche zwischen dem Tode des Domitian und der Thronbesteigung des Commodus verfloß. Der unermeßliche Umfang des römischen Reichs wurde durch unbeschränkte Macht unter der Leitung der Tugend und Weisheit regiert, und das Heer von der festen aber milden Hand vier auf einander folgender Kaiser, deren Charakter und gesetzliche Macht unwillkürliche Achtung gebot, in Schranken gehalten. Die Formen der Civilverwaltung wurden von Nerva, Trajan, Hadrian und den Antoninen, welche an dem Bilde der Freiheit Gefallen fanden und sich gern als die verantwortlichen Diener der Gesetze betrachteten, treu beobachtet. Solche Fürsten hätten die Ehre der Wiederherstellung der Republik verdient, wenn anders die Römer ihrer Zeit des Genusses einer vernünftigen Freiheit fähig gewesen wären." Ebenso Johannes von Müller: „Alle diese Kaiser schienen den Thron als die besten und weisesten Bürger zu besitzen; unermüdete Sorgfalt, wohlthätiger Herrscherfleiß war das Einige, was sie auszeichnete; nichts war in ihrem Privatgenuß Besonderes, als daß sie mehr Glück um sich verbreiten konnten. Ihr Zutritt war freier als manchmal in

Republiken bei einem Patricier. Das Majestätsgesetz war in Vergessenheit: Zur Zeit einer Theuerung wurde auf den guten Antoninus, der über das Forum ging, mit Steinen geworfen; er blieb stehen, erklärte die Ursache des Uebels und welche Gegenmittel er gebraucht. Nie genoß ein so großer Theil der Menschheit eines längeren Glückes; diese Regierungen trösteten um den Verlust der Republik." Jener „gute Antonin" aber war der „Vater" des Mark Aurel. Beide waren dem scharfen Blick Hadrians nicht entgangen, als er darauf ausging seinen Nachfolger zu bestimmen: jener ein Senator an 50 Jahre alt und tadellos in allen Geschäften des Lebens, dieser ein Jüngling von 17 Jahren, dessen reiferes Alter die schöne Aussicht auf jede Tugend eröffnete. Als der Aeltere zu Hadrians Sohn und Nachfolger erklärt wurde, geschah es nur unter der Bedingung, daß er sogleich den Jüngeren adoptire. „Obschon Antoninus Pius 2 Söhne hatte, zog er doch die Wohlfahrt des Reichs dem Interesse seiner Familie vor, gab dem jungen Markus seine Tochter Faustina zur Gemahlin, erwirkte für ihn die tribunicische und proconsularische Gewalt und gesellte ihn mit edler Verachtung oder vielmehr völliger Unkenntniß jeder Eifersucht allen Arbeiten der Regierung bei. Dafür verehrte Markus den Charakter seines Wohlthäters, liebte ihn wie einen Vater, gehorchte ihm als seinem Souverän und regelte nach dessen Hinscheiden seine eigene Verwaltung nach dem Beispiele und den Maximen des Vorgängers. Während der 23jährigen Regierung des Pius war Markus nur 2 Nächte aus dem Palaste abwesend und selbst diese nicht nach einander." (Gibbon.) So war der Einfluß, den Antoninus Pius auf Mark Aurel gehabt, für dessen Gesinnung von entscheidender Wirkung. Dieselbe Großmuth und Güte, die jenen auszeichnete, wurde auch der vorherrschende Zug im Charakter Mark Aurels. Gleich das Erste, was er nach seinem Regierungsantritte that, die Adoption des Lucius Verus, ist ein Beweis davon. Von Hadrian als Knabe der Dankbarkeit der Antonine empfohlen, besaß dieser unfähige Mensch nur die eine Tugend: Ehrfurcht vor seinem weiseren Throngenossen, dem er mit Freuden die Sorgen der Regierung überließ, und dem nach einigen fruchtlosen Versuchen, aus dem Wollüstling einen Krieger zu machen, Nichts übrig blieb als „seine Thorheiten zu bedecken, seinen frühen Tod zu beklagen und einen anständigen Schleier über sein Andenken zu werfen." Ebenso zeigte sich Mark Aurel gegen Avidius Cassius, seinen Statthalter in Syrien, der die Fahne der Empörung geschwungen hatte, aber von seinen Soldaten ermordet wurde. „Mark Aurel bedauerte es um die Freude gebracht zu sein, einen Feind in einen Freund zu verwandeln, und bethätigte die Aufrichtigkeit dieser Gesinnung, indem er den Eifer des Senats gegen die Anhänger des Verräthers mäßigte." Wie großartig er über das Böse bei Andern hinwegzusehen oder es zu bedecken wußte, beweist auch sein häusliches Leben, dessen Friede nie gestört wurde, so leidenschaftlich und der Zucht vergessen seine Gemahlin Faustina auch war. Sein hochherziger Sinn hatte für sie doch nur Beweise des zartesten Vertrauens, das sich während einer 30jährigen Verbindung immer gleich blieb, und einer Achtung, die auch mit ihrem Leben nicht erlosch. „Den Krieg verabscheute er als die Schmach und das Unglück des Menschengeschlechts. Und doch setzte er, als die Nothwendigkeit ihn zu den Waffen rief, willig seine Person an den gefrorenen Ufern der Donau 8 Winterfeldzügen aus, deren Strenge seiner schwachen Constitution zuletzt verderblich wurde." —

Und nun — was ists für eine Philosophie, die solche Selbstverleugnung, solchen Edelmuth erzeugt? die nicht blos Grundsätze von echter Humanität aufstellt, sondern, wie uns dünkt, auch die Kraft verleiht, sie auszuführen? die um so brauchbarer und anwendbarer für Jedermann erscheint, je weniger das, was die Weltgeschichte an Mark Aurel rühmt, bloße Fürstentugenden und Herrscherthaten sind?

Die „Meditationen" geben Antwort.

Wem aber wäre es hiernach nicht erklärlich, daß die vorhandene deutsche Uebersetzung dieses Buchs, welche zu Anfang des Jahrhunderts von Johann Matthias Schultz herausgegeben wurde, eine solche Seltenheit geworden ist. Und doch hatte sie nur den Zweck, die Philologen zu einem Urtheil darüber zu veranlassen, ob der Herausgeber zu einer neuen Textrecension des griechischen Mark Aurel befähigt sei, war also keineswegs auf ein größeres Publicum berechnet, dem gegenüber die Auslassung oder Kürzung so mancher Abschnitte, welche schon dagewesene Gedanken — zuweilen sogar mit denselben Worten wiederholen, oder die in schwer verständlicher Form nur Unbedeutendes enthalten, überhaupt aber eine freiere Bewegung in der Sprache nicht nur zulässig sondern geboten ist.

Daher dürfen wir uns wohl der Hoffnung hingeben, mit einer Uebersetzung der Selbstbetrachtungen Mark Aurels, bei welcher die Treue im Ganzen und Großen die Genauigkeit im Einzelnen bestimmte, ein wirklich vorhandenes Bedürfniß befriedigt zu haben.

Weil wir jedoch auch auf solche Leser Rücksicht nehmen mußten, die bei der Lektüre einer derartigen Schrift den objektiven Standpunkt festzuhalten pflegen und in ihr zugleich ein Mittel in Händen haben möchten, das in vieler Hinsicht so merkwürdige Zeitalter, in welchem sie entstand, allseitig zu beurtheilen, so haben wir im „Anhang" die stoische Philosophie und ihr Verhältniß zum Christenthum sowie die Christenverfolgung unter Mark Aurel zum Gegenstand einer eingehenden Betrachtung gemacht und damit einen Beitrag zur vollständigen Würdigung unserer Schrift zu geben versucht, dem wir den Beifall auch derer wünschen, die in geschichts=philosophischen Fragen competente Richter sind. —

Kontopp im August 1857.

Der Uebersetzer.

Erstes Buch.

1. Von meinem Großvater Verus weiß ich, was edle Sitten sind und was es heißt: frei sein von Zorn.

2. Der Ruf und das Andenken, in welchem mein Vater steht, predigen mir Schaamhaftigkeit und männliches Wesen.

3. Der Mutter Werk ist es, wenn ich gottesfürchtig und mittheilsam bin; wenn ich nicht nur schlechte Handlungen, sondern auch schlechte Gedanken fliehe; auch daß ich einfach lebe und überhaupt nicht wie reiche Leute.

4. Mein Urgroßvater litt nicht, daß ich die öffentlichen Disputirübungen besuchte, sorgte aber dafür, daß ich zu Hause von tüchtigen Lehrern unterrichtet wurde, und überzeugte mich, daß man zu solchem Zweck schon Etwas aufgehen lassen müsse.

5. Mein Erzieher gab nicht zu, daß ich mich an den Wettfahrten betheiligte, weder in Grün noch in Blau, auch nicht, daß ich Ring= und Fechterkünste trieb. Er lehrte mich Mühen ertragen, Wenig bedürfen, selbstthätig sein, mich wenig kümmern um anderer Leute Angelegenheiten und einen Widerwillen haben gegen alles Aufschieben.

6. Diognet bewahrte mich vor allen unnützen Beschäftigungen; vor dem Glauben an das, was Wunderthäter und Gaukler von Zauberformeln, vom Geisterbannen u. s. w. lehrten; davor, daß ich Wachteln hielt, und vor andern solchen Passionen. Er lehrte mich ein freies Wort vertragen; gewöhnte mich an philosophische Studien, schickte mich zuerst zu Bacchius, dann zu Tandasis und Marcian, ließ mich schon als Knabe Dialoge verfassen und machte mir Lust zu den Ruhebetten und Pelzdecken, wie sie bei den Lehrern der griechischen Schule Mode sind.

7. Dem Rusticus verdanke ich, daß es mir einfiel, in sittlicher Hinsicht für mich zu sorgen und an meiner Veredlung zu arbeiten; daß ich frei blieb von dem Ehrgeiz der Sophisten; daß ich nicht Abhandlungen schrieb über abstrakte Dinge, noch Reden hielt zum Zweck der Erbauung, noch prunkend mich als einen streng und wohlgesinnten jungen Mann darstellte, und daß ich von rhetorischen, poetischen und stilistischen Studien abstand; daß ich zu Hause nicht im Staatskleid einherging oder sonst so Etwas that, und daß die Briefe, die ich schrieb, einfach waren, so einfach und schmucklos wie der seinige an meine Mutter von Sinuessa aus. Ihm habe ich's auch zu danken, wenn ich mit denen, die mich gekränkt oder sonst sich gegen mich vergangen haben, leicht zu versöhnen bin, sobald sie nur selbst schnell bereit sind wiederzukommen. Auch lehrte er mich, was ich las, genau lesen und mich nicht mit einer oberflächlichen Kenntniß begnügen, auch nicht gleich beistimmen dem, was ober-

flächliche Beurtheiler sagen. Endlich war er's auch, der mich mit den Schriften Epiktets bekannt machte, die er mir aus freien Stücken mittheilte.

8. Appollonius zeigte mir, was Freiheit sei und eine Festigkeit, die dem Spiel des Zufalls Nichts einräumt; daß man auf Nichts ohne Ausnahme so achten müsse, als auf die Gebote der Vernunft. Auch was Gleichmuth sei bei heftigen Schmerzen, bei Verlust eines Kindes, in langen Krankheiten, habe ich von ihm lernen können. — Er zeigte mir handgreiflich, an einem lebendigen Beispiele, daß man der ungestümste und gelassenste Mensch zugleich sein kann, und daß man beim Studium philosophischer Werke die gute Laune nicht zu verlieren brauche. Er ließ mich einen Menschen sehen, der es offenbar für die geringste seiner guten Eigenschaften hielt, daß er Uebung und Gewandtheit besaß, die Grundgesetze der Wissenschaft zu lehren; und bewies mir, wie man von Freunden sogenannte Gunstbezeugungen aufnehmen müsse, ohne dadurch in Abhängigkeit von ihnen zu gerathen, aber auch ohne gefühllos darüber hinzugehen.

9. An Sextus konnt' ich lernen, was Herzensgüte sei. Sein Haus bot das Muster eines väterlichen Regimentes dar, und er gab mir den Begriff eines Lebens, das der Natur entspricht. Er besaß eine ungekünstelte Würde und war stets bemüht, die Wünsche seiner Freunde zu errathen. Duldsam gegen Unwissende hatte er doch keinen Blick für die, die an bloßen Vorurtheilen kleben. Sonst wußte er sich mit Allen gut zu stellen, so daß er denselben Menschen, die ihm wegen seines gütigen und milden

Wesens nicht schmeicheln konnten, zu gleicher Zeit die größte Ehrfurcht einflößte. Seine Anleitung, die zum Leben nothwendigen Grundsätze aufzufinden und näher zu gestalten, war eine durchaus verständliche. Niemals zeigte er eine Spur von Zorn oder einer andern Leidenschaft, sondern er war der leidenschaftsloseste und der liebendste Mensch zugleich. Er suchte Lob, aber ein geräuschloses; er war hochgelehrt, aber ohne jede Ostentation.

10. Von Alexander dem Grammatiker lernte ich, wie man sich jeglicher Scheltworte enthalten und es ohne Vorwurf hinnehmen kann, was Einem auf fehlerhafte, rohe oder plumpe Manier vorgebracht wird; ebenso aber auch, wie man sich geschickt nur über das, was zu sagen Noth thut, auszulassen habe, sei's in Form einer Antwort oder der Bestätigung oder der gemeinschaftlichen Ueberlegung über die Sache selbst, nicht über den Ausdruck, oder durch eine treffende anderweite Bemerkung.

11. Durch Phronto gewann ich die Ueberzeugung, daß der Despotismus Mißgunst, Unredlichkeit und Heuchelei in hohem Maaße zu erzeugen pflege, und daß der sogenannte Adel im Allgemeinen ziemlich unedel sei.

12. Alexander der Platoniker brachte mir bei, wie ich nur selten und nie ohne Noth zu Jemand mündlich oder schriftlich äußern dürfe: ich hätte keine Zeit; und daß ich nicht so, unter dem Vorwande bringender Geschäfte, mich beständig weigern sollte, die Pflichten zu erfüllen, die uns die Beziehungen zu denen, mit denen wir leben, auferlegen.

13. Catulus rieth mir, daß ich's nicht unberücksichtigt laſſen ſollte, wenn ſich ein Freund bei mir über Etwas beklagte, ſelbſt wenn er keinen Grund dazu hätte, ſondern daß ich's verſuchen müßte, die Sache in's Reine zu bringen. Wie man von ſeinen Lehrern heftig eingenommen ſein kann, ſah ich an ihm; ebenſo aber auch, wie lieb man ſeine Kinder haben müſſe.

14. An Severus hatte ich häuslichen Sinn, Wahrheits= und Gerechtigkeitsliebe zu bewundern. Er machte mich mit Thraſeas, Helvidius, Cato, Dio und Brutus bekannt und führte mich zu dem Begriff eines Staates, in welchem alle Bürger gleich ſind vor dem Geſetz, und einer Regierung, die Nichts ſo hoch hält als die bürgerliche Freiheit. Außerdem blieb er, um Anderes zu übergehen, in der Achtung vor der Philoſophie ſich immer gleich; war wohlthätig, ja in hohem Grade freigebig; hoffte immer das Beſte und zweifelte nie an der Liebe ſeiner Freunde. Hatte er Etwas gegen Jemand, ſo hielt er damit nicht zurück, und ſeine Freunde hatten niemals nöthig, ihn erſt auszuforſchen, was er wollte oder nicht wollte, weil es offen am Tage lag.

15. Von Maximus konnte ich lernen, mich ſelbſt beherrſchen, nicht hin= und her ſchwanken, guten Muthes ſein in mißlichen Verhältniſſen oder in Krankheiten, auch wie man in ſeinem Benehmen Weichheit mit Würde verbinden muß, und an ein Werk, das raſch auszuführen iſt, doch nicht unbeſonnen gehen darf. Von ihm waren Alle überzeugt, daß er gerade ſo dachte wie er ſprach, und was er that, in guter Abſicht that. Etwas zu be=

wundern oder sich verblüffen zu lassen, zu eilen oder zu
zögern, rathlos zu sein und niedergeschlagen oder aus=
gelassen in Freude oder Zorn oder argwöhnisch — das
Alles war seine Sache nicht. Aber wohlthätig zu sein
und versöhnlich, hielt er für seine Pflicht. Er haßte jede
Unwahrheit und machte so mehr den Eindruck eines
geraden als eines feinen Mannes. Niemals hat sich
Einer von ihm verachtet geglaubt; aber ebensowenig
wagte es Jemand, sich für besser zu halten als er war.
Auch wußte er auf anmuthige Weise zu scherzen.

16. Mein Vater hatte in seinem Wesen etwas Sanftes,
aber zugleich auch eine unerschütterliche Festigkeit in dem,
was er gründlich erwogen hatte. Er war ohne Ehrgeiz
hinsichtlich dessen, was man gewöhnlich Ehre nennt.
Er arbeitete gern und unermüdlich. Wer mit Dingen
kam, die das gemeine Wohl zu fördern versprachen, den
hörte er an und versäumte es nie, einem Jeden die An=
erkennung zu zollen, die ihm gebührte. Wo vorwärts
zu gehen und wo einzuhalten sei, wußte er. Er war
herablassend gegen Jedermann; erließ den Freunden die
Pflicht, immer mit ihm zu speisen oder, wenn er reiste,
mit ihm zu gehen; und stets blieb er sich gleich auch gegen
die, die er nothgedrungen zu Hause ließ. Seine Erörte=
rungen in den Rathsversammlungen waren stets von
großer Genauigkeit, und er hielt aus und begnügte sich
nicht mit Ideen, die auf der flachen Hand liegen, blos
um die Versammlung für geschlossen zu erklären. Er
war sorgsam bemüht, sich seine Freunde zu erhalten,
wurde ihrer niemals überdrüssig, verlangte aber auch

nicht heftig nach ihnen. Er war sich selbst genug in allen Stücken und immer heiter. Er hatte einen scharfen Blick für das, was kommen würde, und traf für die kleinsten Dinge Vorbereitungen ohne Aufhebens zu machen, so wie er sich denn überhaupt jedes Beifallrufen und alle Schmeicheleien verbat. Was seiner Regierung nothwendig war, darüber wachte er stets, ging mit den öffentlichen Geldern haushälterisch um, und ließ es sich ruhig gefallen, wenn man ihm darüber Vorwürfe machte. — Den Göttern gegenüber war er frei von Aberglauben, und was sein Verhältniß zu den Menschen betrifft, so fiel es ihm nicht ein um die Volksgunst zu buhlen, dem großen Haufen sich gefällig zu erzeigen und sich bei ihm einzuschmeicheln, sondern er war in allen Stücken nüchtern, besonnen, taktvoll und ohne Sucht nach Neuerungen. Von den Dingen, die zur Annehmlichkeit des Lebens beitragen — und deren bot ihm das Glück eine Menge dar — machte er ohne zu prunken, aber auch ohne sich zu entschuldigen Gebrauch, so daß er, was da war, einfach nahm, was nicht da war, auch nicht entbehrte. Niemand konnte sagen, daß er ein Krittler, oder daß er ein gewöhnlicher Mensch oder ein Pedant sei, sondern man mußte ihn einen reifen, vollendeten, über jede Schmeichelei erhabenen Mann nennen, der wohl im Stande sei, sich und Andern vorzustehen. Außerdem: die ächten Philosophen schätzte er sehr, ließ aber auch die Andern unangetastet, obschon er ihnen keinen Einfluß auf sich verstattete. In seinem Umgange ferner war er höchst liebenswürdig und witzig, ohne darin zu übertreiben. In der Sorge für seinen Leib wußte er das rechte Maaß zu halten, nicht wie ein Lebenssüchtiger oder wie Einer, der sich schniegelt oder sich vernachläſſigt; ſondern er brachte es durch die eigene Aufmerkſamkeit nur dahin, daß er den Arzt faſt gar nicht brauchte und weder innere noch äußere Mittel nöthig hatte. — Vor Allem aber war ihm eigen, denen, die wirklich Etwas leiſteten, ſei's in der Beredt= ſamkeit oder in der Geſetzeskunde oder in der Sittenlehre oder in irgend einer anderen Disciplin, ohne Neid den Vorrang einzuräumen und ſie wo er konnte zu unter= ſtützen, damit ein Jeder in ſeinem Fache auch die nöthige Anerkennung fände. Wie ſeine Vorfahren regiert, ſo regierte er auch, ohne jedoch die Meinung hervorrufen zu wollen, als wache er über dem Althergebrachten. Er war nicht leicht zu bewegen oder von Etwas abzubringen, ſondern wo er gerade war und wobei, da pflegte er auch gern zu bleiben. Nach den heftigſten Kopfſchmerzen ſah man ihn friſch und kräftig zu den gewohnten Geſchäften eilen. Geheimniſſe pflegte er nur äußerſt wenige und nur in ſeltenen Fällen zu haben und nur um des gemeinen Wohles willen. Verſtändig und mäßig im Anordnen von Schauſpielen, von Bauten, von Spenden an das Volk u. dergl. mehr, zeigte er ſich als ein Mann, der nur auf ſeine Pflicht ſieht, um den Ruhm aber ſich nicht kümmert, den ſeine Handlungen ihm verſchaffen können. — Er badete nur zur gewöhnlichen Stunde, liebte das Bauen nicht, legte auf das Eſſen keinen Werth, auch nicht auf Kleider und deren Stoffe und Farben, noch auf ſchöne Sklaven. Seine Kleider ließ er ſich meiſt aus Lorium, dem unteren Landgute, oder aus Lanubium kommen und bediente sich dazu des Generalpächters in Tusculum, der ihn um diesen Dienst gebeten hatte. — In seiner ganzen Art zu sein war nichts Unschickliches oder gar Schaamloses oder auch nur Gewaltsames oder was man sagt: „bis zur Hitze", sondern Alles war bei ihm wohl überdacht, ruhig, gelassen, wohl geordnet, fest und mit sich selbst im Einklang. Man könnte auf ihn anwenden, was man vom Sokrates gesagt hat, daß er sowohl sich solcher Dinge zu enthalten im Stande war, deren sich Viele aus Schwachheit nicht enthalten können, als auch daß er genießen durfte, was Viele darum nicht dürfen, weil sie sich gehen lassen. Das Eine gründlich vertragen, und in dem Andern nüchtern sein, das aber ist die Sache eines Mannes von starkem, unbesieglichem Geiste, wie er ihn z. B. auch in der Krankheit des Maximus an den Tag gelegt hat. —

17. Den Göttern habe ich's zu danken, daß ich treffliche Vorfahren, treffliche Eltern, eine treffliche Schwester, treffliche Lehrer, treffliche Diener und fast lauter treffliche Verwandte und Freunde habe, und daß ich gegen keinen von ihnen fehlte, obgleich ich bei meiner Natur leicht hätte dahin kommen können. Es ist eine Wohlthat der Götter, daß die Umstände nicht so zusammentrafen, daß ich mir Schande auflud. Sie fügten es so, daß ich nicht länger von der Maitresse meines Großvaters erzogen wurde; daß ich meine Jugendfrische mir erhielt und daß ich meinem fürstlichen Vater unterthan war, der mir allen Dünkel austreiben und mich überzeugen

wollte, man könne bei Hofe leben ohne Leibwache, ohne kostbare Kleider, ohne Fackeln, ohne gewisse Bildsäulen und ähnlichen Pomp, und daß es sehr wohl anginge, sich soviel als möglich bürgerlich einzurichten, wenn man dabei nur nicht zu demüthig und zu sorglos würde in Erfüllung der Pflichten, die der Regent gegen das Ganze hat. — Die Götter haben mir einen Bruder gegeben, dessen sittlicher Wandel mich antrieb, auf mich selber Acht zu haben, und dessen Achtung und Liebe gegen mich mich glücklich machten. — Sie haben mir Kinder gegeben, die nicht ohne geistige Anlagen sind und von gesundem Körper. — Den Göttern verdanke ich's, daß ich nicht weiter kam in der Redekunst und in der Dichtkunst und in den übrigen Studien, welche mich völlig in Beschlag genommen haben würden, wenn ich gemerkt hätte, daß ich gute Fortschritte machte. Ebenso daß ich meine Erzieher frühzeitig schon so in Ehren hielt, wie sie's zu verlangen schienen, und ihnen nicht blos Hoffnung machte, ich würde das später thun, indem sie zu der Zeit ja noch so jung seien. Ferner, daß ich Appollonius, Rusticus und Maximus kennen lernte; daß ich das Bild eines naturgemäßen Lebens so klar und so oft vor der Seele hatte, daß es nicht an den Göttern und an den Gaben, Hilfen und Winken, die ich von dorther empfing, liegen kann, wenn ich an einem solchen Leben gehindert worden bin; sondern wenn ich's bisher nicht geführt habe, muß es meine Schuld sein, indem ich die Erinnerungen der Götter, ich möchte sagen, ihre ausdrücklichen Belehrungen, nicht beherzigte. Den Göttern verdanke ich's, daß mein

Körper ein solches Leben so lange ausgehalten hat; — daß ich weder die Benedicta noch den Theodot berührt habe, und daß ich später überhaupt von dieser Leidenschaft genas; daß ich in meinem heftigen Unwillen, den ich so oft gegen Rusticus empfand, Nichts weiter that, was ich hätte bereuen müssen; und daß meine Mutter, der ein früher Tod beschieden war, doch noch ihre letzten Jahre bei mir leben konnte. Auch fügten sie's, daß ich, so oft ich einen Armen oder sonst Bedürftigen unterstützen wollte, nie hören durfte, es fehle mir an den hierzu erforderlichen Mitteln, und daß ich selbst nie in die Nothwendigkeit versetzt wurde, bei einem Andern zu borgen; dann daß ich ein solches Weib besitze: so folgsam, zärtlich und in ihren Sitten so einfach, und daß ich meinen Kindern tüchtige Erzieher geben konnte. Die Götter gaben mir durch Träume Hilfsmittel an die Hand gegen allerlei Krankheiten, so gegen Blutauswurf und Schwindel. Auch verhüteten sie, als ich das Studium der Philosophie anfing, daß ich einem Sophisten in die Hände fiel oder mit einem solchen Schriftsteller meine Zeit verdarb, oder mit der Lösung ihrer Syllogismen mich einließ, oder mit der Himmelskunde mich beschäftigte. Denn zu allen diesen Dingen bedarf es der helfenden Götter und des Glückes.

18.

Man muß sich bei Zeiten sagen: ich werde einem Vorwitzigen, einem Undankbaren, einem Schmähsüchtigen, einem verschlagenen oder neidischen oder unverträglichen Menschen begegnen. Denn solche Eigenschaften liegen Jedem nahe, der die wahren Güter und die wahren Uebel nicht kennt. Habe ich aber eingesehen, einmal, daß nur die Tugend ein Gut und nur das Laster ein Uebel, und dann, daß der, der Böses thut, mir verwandt ist, nicht sowohl nach Blut und Abstammung, als in der Gesinnung und in dem, was der Mensch von den Göttern hat, so kann ich weder von Jemand unter ihnen Schaden leiden — denn ich lasse mich nicht verführen — noch kann ich dem, der mir verwandt ist, zürnen oder mich feindlich von ihm abwenden, da wir ja dazu geboren sind, uns gegenseitig zu unterstützen, wie die Füße, die Hände, die Augenlider, die Reihen der oberen und unteren Zähne einander dienen. Also ist es gegen die Natur, einander zuwider zu leben. Und das thun die doch, die auf einander zürnen oder sich von einander abwenden.

19.

Was ich bin, ist ein Dreifaches: Fleisch und Seele und was das Ganze beherrscht. — Lege bei Seite, was Dich zerstreut, die Bücher und Alles, was hier zu Nichts führt; sondern einmal: des Fleischlichen achte gering wie ein Sterbender! Es ist Blut und Knochen und ein Geflecht aus Nerven, Adern und Gefäßen gewebt. Dann betrachte Deine Seele, und was sie ist: ein Hauch; nicht immer dasselbe, sondern fortwährend ausgegeben und wieder eingesogen. Drittens also das, was die Herrschaft führt! Da sei doch kein Thor, Du bist nicht mehr jung: so laß auch nicht länger geschehen, daß es diene; daß es hingenommen werde von einem Zuge, der Dich dem Menschlichen entfremdet; daß es dem Verhängniß oder dem gegenwärtigen Augenblicke grolle oder ausweiche dem, was kommen soll!

20.

Das Göttliche ist vorsehungsvoll, das Zufällige nach Art, Zusammenhang und Verflechtung nicht zu trennen von dem durch die Vorsehung Geordneten. Alles fließt von hier aus. Daneben das Nothwendige und was dem ganzen Universum, dessen Theil Du bist, zuträglich ist. Jedem Theile der Natur aber ist das gut, was seinen Halt an der Natur des Ganzen hat und wovon diese wiederum getragen wird. Die Welt aber wird getragen wie von den Verwandlungen der Grundstoffe so auch von denen der zusammengesetzten Dinge. — Das muß Dir genügen und fest stehen für immer. Nach der Weisheit, wie sie in Büchern zu finden ist, strebe nicht, sondern halte sie Dir fern, damit Du ohne Seufzer, mit wahrer Seelenruhe und den Göttern von Herzen dankbar sterben kannst. —

Zweites Buch.

1.

Erinnere Dich, seit wann Du das nun schon aufschiebst, und wie oft Dir die Götter Zeit und Stunde dazu gegeben haben, ohne daß Du sie nutztest. Endlich solltest Du doch einmal einsehen, was das für eine Welt ist, der Du angehörst, und wie der die Welt regiert, dessen Ausfluß Du bist; und daß Dir die Zeit zugemessen ist, die, wenn Du sie nicht brauchst Dich abzuklären, hin sein wird, wie Du selbst, und die nicht wiederkommt.

2.

Immer sei darauf bedacht, wie es einem Manne geziemt, bei Allem was es zu thun giebt eine strenge und ungekünstelte Gewissenhaftigkeit, Liebe, Freimüthigkeit und Gerechtigkeit zu üben, und Dir dabei alle Nebengedanken fern zu halten. Und Du wirst sie Dir fern halten, sobald Du jede Deiner Handlungen als die letzte im Leben ansiehst: fern von jeder Unbesonnenheit und der Erregtheit, die Dich taub macht gegen die Stimme der richtenden Vernunft, frei von Verstellung, von Selbstliebe und von Unwillen über das, was das Schicksal daran hängt. — Du siehst, wie Wenig es ist, was man sich aneignen muß, um ein glückliches und gottgefälliges Leben zu führen. Denn auch die Götter verlangen von dem, der dies beobachtet, nicht Mehr.

3.

Fahre nur immer fort, Dir selbst zu schaden, liebe Seele! Dich zu fördern wirst Du kaum noch Zeit haben. Denn das Leben flieht einem Jeglichen. Für Dich ist es aber schon so gut als zu Ende, der Du ohne Selbstachtung Dein Glück außer Dich verlegst in die Seelen Anderer.

4.

Trotz Deines Bestrebens, an Erkenntniß zu wachsen und Dein unstätes Wesen aufzugeben, zerstreuen Dich die Außendinge noch immer? Mag sein, wenn Du jenes Streben nur festhältst. Denn das bleibt die größte Thorheit, sich müde zu arbeiten ohne ein Ziel, auf das man all sein Dichten und Trachten hinrichtet.

5.

Wenn man nicht herausbringen kann, was in des Andern Seele vorgeht, so ist das schwerlich ein Unglück; aber nothwendig unglücklich ist man, wenn man über die Regungen der eigenen Seele im Unklaren ist.

6.

Daran mußt Du immer denken, was das Wesen der Welt und was das Deinige ist, und wie sich beides zu einander verhält, nämlich was für ein Theil des Ganzen Du bist und zu welchem Ganzen Du gehörst, und daß Dich Niemand hindern kann, stets nur das zu thun und zu reden, was dem Ganzen entspricht, dessen Theil Du bist.

7.

Theophrast in seiner Vergleichung der menschlichen Fehler — wie diese denn allenfalls verglichen werden können — sagt: schwerer seien die, die aus Begierde, als die, welche aus Zorn begangen werden. Und wirklich erscheint ja der Zornige als ein Mensch, der nur mit

einem gewissen Schmerze und mit innerem Widerstreben
von der Vernunft abgekommen ist, während der aus
Begierde Fehlende, weil ihn die Lust überwältigt, zügel=
loser erscheint und schwächer in seinen Fehlern. Wenn
er nun also behauptet: es zeuge von größerer Schuld,
einen Fehler zu begehen mit Freuden als mit Bedauern,
so ist das gewiß richtig und der Philosophie nur ange=
messen. Man erklärt dann überhaupt den Einen für
einen Menschen, der gekränkt worden ist und zu seinem
eigenen Leidwesen zum Zorn gezwungen wird, während
man bei dem Andern, der Etwas aus Begierde thut, die
Sache so ansieht, als begehe er das Unrecht aus heiler
Haut.

8.

Jegliches thun und bedenken wie Einer, der im Be=
griff ist das Leben zu verlassen, das ist das Richtige.
Das Fortgehen von den Menschen aber, wenn es Götter
giebt, ist kein Unglück. Denn das Uebel hört dann
doch wohl gerade auf. Giebt es aber keine, oder kümmern
sie sich nicht um die menschlichen Dinge, was soll mir
das Leben in einer götterleeren Welt, in einer Welt ohne
Vorsehung? Doch sie sind und sie kümmern sich um die
menschlichen Dinge. Noch Mehr. Sie haben es, was
die Uebel betrifft, und zwar die eigentlichen, ganz in des
Menschen Hand gelegt, sich davor zu bewahren. Ja auch
hinsichtlich der sonstigen Uebel, kann man sagen, haben
sie es so eingerichtet, daß es nur auf uns ankommt, ob
sie uns widerfahren werden. Denn wobei der Mensch

nicht schlimmer wird, wie sollte dies sein Leben ver=
schlimmern? Selbst die bloße Natur — sei es, daß wir
sie uns ohne Bewußtsein oder mit Bewußtsein begabt
vorstellen; gewiß ist, daß sie nicht vermag, dem Uebel
vorzubeugen oder es wieder gut zu machen — auch sie
hätte dergleichen nicht übersehen, hätte nicht in dem
Grade gefehlt aus Ohnmacht oder aus Mangel an An=
lage, daß sie Gutes und Böses in gleicher Weise guten
und bösen Menschen unterschiedslos zu Theil werden
ließe. Tod aber und Leben, Ruhm und Ruhmlosigkeit,
Leid und Freude, Reichthum und Armuth und alles
dieses wird den guten wie den bösen Menschen ohne
Unterschied zu Theil, als Dinge, die weder sittliche Vor=
züge noch sittliche Mängel begründen: also sind sie auch
weder gut noch böse (weder ein Glück noch ein Unglück).

9.

Wie doch Alles so schnell verbleicht! in der sicht=
baren Welt die Leiber, in der Geisterwelt deren Gedächt=
niß! Was ist doch alles Sinnliche, zumal was durch
Vergnügen anlockt oder durch Schmerz abschreckt oder
in Stolz und Hochmuth sich breit macht! wie nichtig und
verächtlich, wie schmutzig, hinfällig, todt! — Man folge
dem Zuge des Geistes; man frage nach denen, die sich
durch Werke des Geistes berühmt gemacht haben; man
untersuche, was eigentlich sterben heißt (und man wird,
wenn man der Phantasie keinen Einfluß auf seine Ge=
danken verstattet, darin nichts Anderes als ein Werk der
Natur erkennen: kindisch aber wäre es doch, vor einem

Werke der Natur, das derselben ohnehin auch noch zuträglich ist, sich zu fürchten); man mache sich klar, wie der Mensch Gott ergreift und mit welchem Theile seines Wesens, und wie es mit diesem Theile des Menschen bestellt ist, wenn er Gott ergriffen hat.

10.

Nichts Elenderes als ein Mensch, der um Alles und Jedes sich kümmert, auch um das, woran sonst Niemand denkt, der nicht aufhört über die Vorgänge in der Seele des Nächsten seine Conjecturen zu machen und nicht begreifen mag, daß es genug ist, für den Gott in der eignen Brust zu leben und ihm zu dienen, wie sich's gebührt. Das aber ist sein Dienst: ihn rein zu erhalten von Leidenschaft, von Unbesonnenheit und von Unlust über das, was von Göttern und Menschen geschieht. Denn die Handlungen der Götter zu ehren, gebietet die Tugend und mit denen der Menschen sich zu befreunden die Gleichheit der Abkunft, obwohl die letzteren allerdings auch zuweilen etwas Klägliches haben, weil so Viele nicht wissen, was Güter und was Uebel sind, — eine Blindheit, nicht geringer als die, wenn man Schwarz und Weiß nicht unterscheiden kann.

11.

Und wenn Du 3000 Jahre leben solltest, ja noch 10 Mal mehr, es hat ja doch Niemand ein anderes Leben zu verlieren, als eben das, was er lebt, so wie Niemand ein anderes lebt, als was er einmal verlieren wird. Und so läuft das längste wie das kürzeste auf dasselbe hinaus. Denn das Jetzt ist das Gleiche für Alle, wenn auch das Vergangene nicht gleich ist, und der Verlust des Lebens erscheint doch so als ein Jetzt, indem Niemand verlieren kann weder was vergangen noch was zukünftig ist. Oder wie sollte man Einem Etwas abnehmen können, was er nicht besitzt? — An die beiden Dinge also müssen wir denken: einmal, daß Alles seiner Idee nach unter sich gleichartig ist und von gleichem Verlauf, und daß es keinen Unterschied macht, ob man 100 oder 200 Jahre lang oder ewig Ein und Dasselbe sieht. Und dann, daß auch der, der am Längsten gelebt hat, doch nur dasselbe verliert, wie der, der sehr bald stirbt. Denn nur das Jetzt ist es, dessen man beraubt werden kann, weil man nur dieses besitzt, und Niemand verlieren kann, was er nicht hat.

12.

Die Seele des Menschen thut sich selbst den größten Schaden, wenn sie sich von der Natur abzusondern, gleichsam aus ihr herauszuwachsen strebt. So, wenn sie unzufrieden ist über irgend Etwas, das sich ereignet. Es ist dies ein entschiedener Abfall von der Natur, in der ja diese eigenthümliche Verkettung der Umstände begründet ist. Ebenso, wenn sie Jemand verabscheut oder anfeindet oder im Begriff ist, Jemand weh zu thun, wie allemal im Zorn. Ebenso wenn sie von Lust oder von Schmerz sich hinnehmen läßt; oder wenn sie heuchelt, heuchlerisch und unwahr Etwas thut oder spricht; oder wenn ihre Handlungen und Triebe keinen Zweck haben, sondern in's Blaue hinausgehen und über sich selbst völlig im Unklaren sind. Denn auch das Kleinste muß in Beziehung zu einem Zweck gesetzt werden. Der Zweck aber aller vernunftbegabten Wesen ist: den Principien und Normen des ältesten Gemeinwesens Folge zu leisten.

13.

Das menschliche Leben ist, was seine Dauer betrifft, ein Punkt; des Menschen Wesen flüssig, sein Empfinden trübe, die Substanz seines Leibes leicht verweslich, seine Seele — einem Kreisel vergleichbar, sein Schicksal schwer zu bestimmen, sein Ruf eine zweifelhafte Sache. Kurz, alles Leibliche an ihm ist wie ein Strom, und alles Seelische ein Traum, ein Rauch: sein Leben Krieg und Wanderung, sein Nachruhm die Vergessenheit. Was ist es nun, das ihn über das Alles zu erheben vermag? Einzig die Philosophie, sie, die uns lehrt, den göttlichen Funken, den wir in uns tragen, rein und unverletzt zu erhalten, daß er Herr sei über Freude und Leid, daß er Nichts ohne Ueberlegung thue, Nichts erlüge oder erheuchele und stets unabhängig sei von dem, was Andere thun oder nicht thun, daß er Alles, was ihm widerfährt und zugetheilt wird, so aufnehme, als komme es von da, von wo er selbst gekommen, und daß er endlich den Tod mit heiterem Sinn erwarte, als den Moment der Trennung aller der Elemente, aus denen jegliches lebendige Wesen besteht. Denn wenn den Elementen dadurch nichts Schlimmes widerfährt, daß sie fortwährend in einander übergehen, weshalb sollte man sich scheuen vor der Verwandlung und Lösung aller auf einmal? Vielmehr ist dies das Naturgemäße und das Naturgemäße ist niemals vom Uebel.

Drittes Buch.

1.

Wir müssen uns nicht blos sagen, daß das Leben mit jedem Tage schwindet und ein immer kleinerer Theil davon übrig bleibt, sondern auch bedenken, daß es ja ungewiß ist, wenn man ein längeres Leben vor sich hat, ob sich die Geisteskräfte immer gleichbleiben und zum Verständniß der Dinge, so wie zu all' den Wahrnehmungen und Betrachtungen hinreichen werden, welche uns auf dem Gebiete des Göttlichen und Menschlichen erfahren machen. Denn wie Viele werden im Alter nicht kindisch! und bei wem ein solcher Zustand eingetreten ist, dem fehlt es zwar nicht an der Fähigkeit zu athmen, sich zu nähren, sich Etwas vorzustellen und Etwas zu begehren; aber das Vermögen, sich frei zu bestimmen, die Reihe der Pflichten, die ihm obliegen, zu überschauen, die Erscheinungen sich zu zergliedern und darüber, ob's Zeit zum Sterben sei oder was sonst einer durchaus gewedten Denkkraft bedarf, sich klar zu werden — das ist bei ihm erloschen. Also eilen muß man, nicht blos weil uns der Tod mit jedem Tage näher tritt, sondern auch weil die Fähigkeit, die Dinge zu betrachten und zu verfolgen, oft vorher aufhört.

2.

Merkwürdig ist, wie an den Erzeugnissen der Natur auch das, was nur beiläufige Merkmale sind, einen gewissen Reiz ausübt. So machen z. B. die Risse und Sprünge im Brot, die gewissermaßen gegen die Absicht des Bäckers sind, die Eßlust besonders rege. Ebenso bei den Feigen, die, wenn sie überreif sind, aufbrechen, und bei den Oliven, die gerade wegen der Stellen geschätzt werden, wo sie nahe daran sind faul zu werden. Die niederhängenden Aehren, die Stirnfalte des Löwen, der Schaum am Munde des Ebers und manches Andere dergleichen hat freilich keinen Reiz, wenn man's für sich betrachtet; aber weil es uns an den Werken der Natur und im Zusammenhange mit ihnen entgegentritt, erscheint es als eine Zierde und wirkt anziehend. Fehlt es uns also nur nicht an Empfänglichkeit und an Tiefe des Blicks in die Welt der Dinge, so werden wir kaum Etwas von solchen Nebenumständen auffinden, was uns nicht angenehm däuchte. Ebenso werden wir dann aber auch z. B. wirkliche Thierkämpfe nicht weniger gern ansehen, als die Darstellungen, die uns Maler und Bildhauer davon geben; und unser keusches Auge wird mit gleichem Wohlgefallen auf der würdigen Gestalt des Greises wie auf der liebreizenden des Mädchens ruhen. Doch gehört dazu eben eine innige Vertrautheit mit der Natur und ihren Werken. —

3.

Hippokrates hat viele Krankheiten geheilt, dann ist er selbst an einer Krankheit gestorben. Die Chaldäer weissagten Vielen den Tod, dann hat sie selber das Geschick ereilt. Alexander, Pompejus, Cäsar — nachdem sie so manche Stadt von Grund aus zerstört und in der Schlacht so viele Tausende ums Leben gebracht, schieden sie selbst aus dem Leben. Heraklit, der über den Weltbrand philosophirt, starb an der Wassersucht, den Demokrit brachte das Ungeziefer um, den Sokrates — ein Ungeziefer anderer Art. Kurz, zu einem Jeden heißt es einmal: Du bist eingestiegen, gefahren, im Hafen eingelaufen: so steige nun aus! Geht's in ein anderes Leben — gewiß in kein's, das ohne Götter ist. Ist's aber ein Zustand der Unempfindlichkeit — auch gut: wir hören auf von Leid und Freude hingehalten zu werden und verlassen ein Behältniß von um so schlechterer Art je edler der Eingeschlossene, denn der ist Geist und göttlichen Wesens, jenes aber Staub und Materie.

4.

Verschwende Deine Zeit nicht mit Gedanken über das, was Andere angeht, es sei denn, daß Du Jemand damit ersprießlich sein kannst. Du versäumst offenbar nothwendigere Dinge, wenn Dich Nichts weiter beschäftigt, als was Der und Jener macht und aus welchem Grunde er so handelt, was er sagt oder will oder anstellt. So Etwas zieht den Geist nur ab von der Beobachtung seiner selbst. Man muß alles Eitle und Vergebliche aus der Kette der Gedanken zu entfernen suchen, vorzüglich alle müßige und nichtswürdige Neugier, und sich nur an solche Gedanken gewöhnen, über die wir sofort, wenn uns Jemand fragt, was wir gerade denken, gern und mit aller Offenheit Rechenschaft geben können, so daß man gleich sieht: hier ist Alles lauter und gut und so wie es einem Gliede der menschlichen Gesellschaft geziemt, hier wohnt Nichts von Genußsucht und Lüsternheit, Nichts von Zank oder Neid oder Mißtrauen, Nichts von alle dem, wovon der Mensch nur mit Erröthen gestehen kann, daß es seine Seele beschäftige. Und ein solcher Mensch — dem es nun ja auch nicht an dem Streben nach Auszeichnung fehlen kann — ist ein Priester und Diener der Götter, der des Gottes in ihm zu gebrauchen weiß, so daß ihn keine Lust beflecken, kein Schmerz verwunden, kein Stolz berücken, nichts Böses überhaupt ihn reizen kann; er ist ein Held in jenem großen Kampfe gegen die Leidenschaft, und eingetaucht in das Wesen der Gerechtigkeit vermag er jegliches Geschick von ganzer Seele zu begrüßen. Ein solcher Mensch aber denkt selten und nur, wenn es das allgemeine Beste erfordert, an das was Andere sagen oder thun oder meinen. Sondern die eigene Pflicht ist der einzige Gegenstand seines Thuns, so wie was ihm das Schicksal gesponnen im Gewebe des Ganzen der Hauptgegenstand seines Nachdenkens. Dort hält er Tugend, hier den guten Glauben. Und in der That ist Jedem zuträglich, was sich mit ihm zuträgt nach dem Willen des Schicksals. Stets ist er eingedenk, daß alle Vernunftwesen einander verwandt sind, und daß es zur menschlichen Natur gehört für Andere zu sorgen. Nach Ansehen strebt er nur bei denen, die ein naturgemäßes Leben führen, da er ja weiß, was die, die nicht so leben, sind, wie sie's zu Hause und außer dem Hause, am Tage und bei Nacht und mit wem sie ihr Wesen treiben. Das Lob derer also, die nicht sich selber zu genügen wissen, kann ihm Nichts sein.

5.

Thue Nichts mit Widerwillen, Nichts ohne Rücksicht auf das Gemeinwohl, Nichts ungeprüft, Nichts wobei Du noch ein Bedenken hast. Drücke Deine Gedanken aus ohne Ziererei. Sei kein Schwätzer und kein Vielthuer. Sondern mit einem Worte: der Gott in Dir führe das Regiment, welchem Geschlecht, Alter, Beruf, welcher Abkunft und Stellung Du nun auch angehören magst, so daß Du immer in der Verfassung bist, wenn Du abgerufen werden solltest, gern und willig zu folgen. — Eidschwur und Zeugenschaft mußt Du immer entbehren können. — Innerlich aber sei heiter, nicht bedürfend, daß die Hilfe von Außen Dir komme, auch nicht des Friedens bedürftig, den Andere uns geben können. — Steh', heißt es, nicht: lasse Dich stellen!

6.

Kannst Du im menschlichen Leben etwas Besseres finden als Gerechtigkeit, Wahrheit, Mäßigung, Tapferkeit oder mit einem Wort: als den Zustand der Seele, wo Du in Allem, was eine Sache der Vernunft und Selbstbestimmung ist, mit Dir selbst, in dem aber, was ohne Dich geschieht, mit dem Schicksale zufrieden bist; kannst Du, sage ich, Etwas entdecken, was noch besser ist als dies, so wende Dich dem mit ganzer Seele zu und

freue Dich, daß Du das Beste aufgefunden haſt. Sollte
es aber in Wahrheit nichts Besseres geben, als den in
Dir wohnenden Gott, der Deine Begierden sich unter=
thänig zu machen weiß, der die Gedanken prüft, den
sinnlichen Empfindungen, wie Sokrates sagt, sich zu
entziehen sucht, und der sich selbst — den Göttern unter=
wirft und für das Wohl der Menschen Sorge trägt:
solltest Du finden, daß gegen dieses alles Andere gering
ist und verschwindet, so folge nun auch keiner anderen
Stimme und laß in Deine Seele Nichts eindringen, was,
wenn es Dich einmal angezogen, Dich an der ungetheil=
ten Pflege jenes herrlichen Schatzes, Deines Eigenthums,
hindert. Denn diesem Gute, dem höchsten nach Wesen
und Wirkung, irgend etwas Anderes wie Ehre, Herr=
schaft, Reichthum, Genuß an die Seite setzen zu wollen,
wäre Thorheit, weil uns alles dieses, selbst wenn wir es
nur ein Wenig anziehend finden, dann mit einem Male
ganz in Beschlag nimmt und verführt. Darum sage ich,
man solle einfach und unbedingt das Bessere wählen
und ihm anhängen. Das Bessere ist aber auch immer
zugleich das Zuträgliche, sei es, daß es uns frommt als
denkenden oder als empfindenden Wesen. Finden wir
nun Etwas, das uns als Vernunftwesen zu fördern
verspricht, so müssen wir's festhalten und pflegen. Ist
es aber nur für unser Empfinden zuträglich, so haben
wir es mit Bescheidenheit und schlichtem Sinn hinzu=
nehmen, und nur dafür zu sorgen, daß wir uns unser
gesundes Urtheil bewahren und fortgesetzt die Dinge
gehörig prüfen. —

7.

Bilde Dir nie ein, daß Etwas gut für Dich sein könnte, was Dich nöthigt, einmal die Treue zu brechen, die Schaam hintanzusetzen, Jemand zu hassen, argwöhnisch zu sein, in Verwünschungen auszubrechen, Dich zu verstellen oder Dinge zu begehren, bei denen man Vorhänge und verschlossene Thüren braucht. Derjenige, welcher die Vernunft, seinen Genius, und deren Kultus jederzeit die erste Rolle spielen läßt, wird nie zu einer Tragödie Anlaß geben oder seufzen oder die Einsamkeit oder große Gesellschaft suchen; er wird leben im höchsten Sinne des Worts und weder auf der Jagd noch auf der Flucht. Ob seine Seele auf lange oder kurze Zeit im Leibe eingeschlossen bleiben soll, kümmert ihn wenig; er würde, auch wenn er bald scheiden müßte, dazu ganz ebenso sich auf den Weg machen, wie wenn es gelte, irgend etwas Anderes mit Anstand und mit edlem Wesen auszuführen; sondern wofür er durch's ganze Leben Sorge trägt, ist nur das, daß seine Seele sich stets in einem Zustande befinde, der einem auf das Zusammenleben mit Andern angewiesenen vernünftigen Wesen geziemt.

8.

In der Seele eines Menschen, der in Zucht und Schranken gehalten worden und so gehörig geläutert ist, findet man nun auch jene Wunden und Schäden nicht mehr, die so häufig unter einer gesunden Oberfläche heimlich fortwuchern. Nichts Knechtisches ist in ihm und nichts Geziertes; sein Wesen hat nichts beson=

ders Verbindliches, aber auch nichts Abstoßendes; ihn
drückt keine Schuld und Nichts, was ihn zu Heimlich=
keiten nöthigte. Auch hat ein solcher Mensch wirklich
„vollendet" wenn ihn das Schicksal ereilt, was man von
Andern oft nur mit demselben Rechte sagt, wie von dem
Helden eines Drama's, daß er ein tragischer sei, noch
ehe das Stück geendet hat.

9.

Was die Fähigkeit zu urtheilen und Schlüsse zu
machen anbetrifft, so mußt Du sie in Ehren halten. Denn
es wohnt ihr die Kraft bei, zu verhüten, daß sich in
Deiner Seele irgend eine Ansicht festsetze, welche wider=
natürlich ist oder einem vernunftbegabten Wesen unan=
gemessen. Ihre Bestimmung ist, uns geistig unabhängig
zu machen, den Menschen zugethan und den Göttern
gehorsam. —

10.

Alles Uebrige ist Nebensache. Das Wenige, was
ich gesagt habe, reicht völlig hin. Dabei bleibe man
sich bewußt, daß Jeder eigentlich nur den gegenwärtigen
Augenblicke lebe. Denn alles Uebrige ist entweder
durchlebt oder in Dunkel gehüllt. Also ein Kleines ist's,
was Jeder lebt, und ein Kleines, wo er lebt — das
Winkelchen Erde, und ein Kleines der Ruhm, auch der
größte, den er hinterläßt: damit er sich forterbe in der
Kette dieser Menschenkinder, die so geschwind sterben
müssen und die nicht einmal sich selbst begreifen, ge=
schweige den, der längst vor ihnen gestorben!

11.

Den aufgestellten Maximen ist aber noch eine hinzuzufügen. Von jedem Gegenstande, der sich Deinem Nachdenken darbietet, suche Dir stets einen klaren und bestimmten Begriff zu machen, so daß Du weißt, was er an sich und was er nach allen seinen Beziehungen ist, damit Du ihn selbst sowohl wie seine einzelnen Momente nennen und bezeichnen kannst. Denn Nichts erzeugt in dem Grade hohen Sinn und edle Denkungsart, als wenn man im Stande ist, sich von jeder im Leben gemachten Erfahrung, dem Wesen ihres Gegenstandes und ihrer Vermittlung nach, Rechenschaft zu geben, und alle Begebenheiten so anzusehen, daß man bei sich überlegt, in welchem Zusammenhange sie erscheinen und welche Stelle sie in demselben einnehmen, welchen Werth sie für das Ganze haben und was sie dem Menschen bedeuten, diesem Bürger eines höchsten Reiches, zu dem sich die übrigen Reiche wie die einzelnen Häuser zu der ganzen Ortschaft verhalten; daß man weiß, was man jedesmal vor sich hat, wo es sich herschreibt und wie lange es bestehen wird, und wie sich der Mensch dazu zu verhalten habe, ob milde oder tapfer, zweifelhaft oder vertrauensvoll, hingebend oder auf sich selbst beruhend; so daß man sich von jedem Einzelnen sagen muß, entweder: es kommt von Gott, oder: es ist ein Stück jenes großen Gewebes, das das Schicksal spinnt, und so und so gefügt, oder endlich: es kommt von einem unsrer Genossen und Brüder, der nicht gewußt hat, was naturgemäß ist. Du aber weißt es, und darum begegnest Du ihm, wie es das natürliche Gesetz der Gemeinschaft fordert, mit Liebe und Gerechtigkeit. Und auch in gleichgültigen Dingen zeigst Du ein ihrem Werth entsprechendes Verhalten.

12.

Wenn Du der gesunden Vernunft folgst und bei dem, was Dir zu thun gerade obliegt, mit Eifer, Kraft und Liebe thätig bist, ohne daß Dich ein anderer Gedanke dabei leitet, als der, Dein Inneres rein zu erhalten, als solltest Du bald Deinen Geist aufgeben; wenn Du Dich auf diese Weise zusammen nimmst und dabei weder zögerst noch eilst, sondern Dir genügen lässest an der Dir von Natur zu Gebote stehenden Energie und an der Wahrhaftigkeit, die aus jedem Deiner Worte hervorleuchten muß, so wirst Du ein glückliches Leben führen. Und ich wüßte nicht, wer Dich daran hindern sollte. —

13.

Wie die Aerzte zu raschen Curen stets ihre Instrumente und Eisen zur Hand haben, so mußt Du Behufs der Erkenntniß göttlicher und menschlicher Dinge die Lehren der Philosophie in steter Bereitschaft halten, damit Du in Allem, auch im Kleinsten, immer so handelst wie Einer, der sich des Zusammenhanges beider bewußt ist. Denn Menschliches läßt sich ebenso wenig richtig behandeln ohne Beziehung auf Göttliches als umgekehrt.

14.

Höre endlich auf Dich selbst zu verwirren! Es ist nicht dran zu denken, daß Du dazu kommst, was Du Dir für spätere Zeiten Deines Lebens aufbehalten hattest, Dies und Jenes zu treiben und zu lesen und wieder hervorzusuchen. Darum gieb solche thörichte Pläne auf, und wenn Du Dich selber lieb hast, schaffe Dir — noch vermagst Du's — eiligst die Hilfe, deren Du bedarfst!

15.

In manchem Wort, das unbedeutend scheint, liegt oft ein tieferer Sinn. Wie Mancher sagt: „ich will doch sehen, was es giebt" und denkt nicht daran, daß es dazu eines anderen Schauens bedarf, als das der Augen.

16.

Leib, Seele, Geist — das war jene Dreiheit: der Leib mit seinen Empfindungen, die Seele mit ihren Begierden und der Geist mit seinen Erkenntnissen. Aber Bilder und Vorstellungen haben auch unsere Hausthiere; von Begierden in Bewegung gesetzt werden auch die wilden Thiere oder Menschen, die nicht mehr Menschen sind, ein Phalaris, ein Nero; in Allem, was vortheilhaft scheint, sich vom Geiste leiten zu lassen, ist auch die Sache Solcher, welche das Dasein der Götter leugnen, welche das Vaterland verrathen, welche die schändlichsten Dinge thun, sobald es nur Niemand sieht. Wenn soweit also Jenes etwas Allen Gemeinsames ist, so bleibt als das dem Guten Eigenthümliche nur übrig, das ihm vom Schicksal Bestimmte willkommen zu heißen, das Heiligthum in seiner Brust nicht zu entweihen, sich nicht durch Gedankenmenge zu verwirren, sondern im Gleichmaaß zu verharren, der Stimme des Gottes zu folgen, Nichts zu reden wider die Wahrheit und Nichts zu thun wider die Gerechtigkeit. Und daß man dabei ein einfaches, züchtiges und wohlgemuthes Leben führt, daran sollte eigentlich Niemand zweifeln. Geschähe es aber, wir würden doch deshalb Keinem zürnen, noch von dem Wege weichen, der an das Ziel des Lebens führt, bei welchem wir unbefleckt, gelassen, wohlgerüstet und willig dem Schicksal gehorchend ankommen müssen.

Viertes Buch.

1.

Wenn der in uns herrschende Geist ist wie er soll, so kann es uns — den Ereignissen gegenüber — nicht schwer fallen, auf jede Möglichkeit vorbereitet zu sein und das Gegebene hinzunehmen. Das Festbestimmte, Abgemachte ist es dann überhaupt nicht, wofür wir Interesse haben, sondern: was uns gut und wünschenswerth scheint, ist doch immer nur mit Vorbehalt ein Gegenstand unseres Strebens; was sich uns aber geradezu in den Weg stellt, betrachten wir als ein Mittel zu unsrer Uebung —: der Flamme gleich, die sich auch solcher Stoffe zu bemächtigen weiß, deren Berührung ein kleineres Licht verlöschen würde, aber ein helles Feuer nimmt in sich auf und verzehrt, was man ihm zuführt, und wird nur größer dadurch.

2.

Bei Allem, was Du thust, gehe besonnen zu Werke und so, daß Du dabei die höchsten Grundsätze im Auge haft!

3.

Man liebt es, sich zu Zeiten auf's Land, in's Gebirge, an die See zurückzuziehn. Auch Du sehnst Dich vielleicht dahin. Im Grunde genommen aber steckt dahinter eine große Beschränktheit. Es steht Dir ja frei, zu jeglicher Stunde Dich in Dich selbst zurückzuziehn, und nirgends finden wir eine so friedliche und ungestörte Zuflucht als in der eignen Seele, sobald wir nur Etwas von dem in uns tragen, was wir nur anzuschauen brauchen, um uns in eine vollkommen ruhige und glückliche Stimmung versetzt zu sehn — eine Stimmung, die nach meiner Ansicht freilich ein anständiges, sittliches Wesen bedingt. Auf diese Weise also ziehe Dich beständig zurück, um Dich immer wieder aufzufrischen. Einfach und klar und bestimmt aber seien jene Ideen, deren Vergegenwärtigung aus Deiner Seele so Manches hinwegspülen und Dir eine Zuflucht schaffen soll, aus der Du nicht übellaunisch zurückkehrst. Und was sollte Dich auch alsdann verdrießen können? „Die Schlechtigkeit der Menschen?" Aber wenn Du bedenkst, daß die vernünftigen Wesen für einander geboren sind, daß das Ertragen des Unrechts zur Gerechtigkeit gehört, daß die Menschen unfreiwillig sündigen, und dann — wie viel streitsüchtige, argwöhnische, gehässige und gewaltthätige Menschen dahin gemußt haben und nun ein Raub der Verwesung sind

— wirst Du da Deine Abneigung nicht los werden? „Oder ist es Dein Schicksal?" So erinnere Dich nur jenes Zwiefachen: entweder wir sagen: es giebt eine Vorsehung, oder: wir sehen uns als Theile und Glieder eines Ganzen an, und unserer Betrachtung der Welt liegt die Idee eines Reiches zu Grunde. „Oder ist es Dein Leib, der irgendwie afficirt wird?" Aber Du weißt ja, der Geist, wenn er sich selbst begriffen und seine Macht kennen gelernt hat, hängt nicht ab von sanfteren oder raucheren Lüften; auch weißt Du, wie wir über Schmerz und Freude denken, und bist einverstanden damit. „Oder macht Dir der Ehrgeiz zu schaffen? Aber wie schnell breitet Vergessenheit über Alles ihren Schleier! wie unabläſſig drängt Eins das Andere in dieser Welt ohne Anfang und ohne Ende! Wie nichtig ist jeder Nachklang unseres Thuns! wie veränderlich und wie urtheilslos jede Meinung, die sich über uns bildet und wie eng der Kreis, in dem sie sich bildet! Die ganze Erde ist ja nur ein Punkt im All, und wie klein nun wieder der Winkel auf ihr, wo von uns die Rede sein kann! Wie Viele können es sein, und was für welche, die unsern Ruhm verkünden? In der That also gilt es sich zurückzuziehen auf eben diesen kleinen Raum, der unser ist, und hier sich weder zerstreuen, noch einspannen zu lassen, sondern sich frei zu bewegen und die Dinge anzusehen wie ein Mensch, wie ein Glied der Gesellschaft, wie ein sterbliches Wesen. Unter allen den Wahrheiten aber, die Dir am Geläufigsten sind, müssen jedenfalls die beiden sein: die eine: daß die Außendinge die Seele nicht berühren dürfen, sondern wirklich Außendinge sein und bleiben müssen. Denn Widerwärtigkeiten giebt es nur für den, der sie dafür hält. Die andere: daß Alles, was Du siehst, sich bald verwandeln und nicht mehr sein werde, wie Du selbst schon eine Menge Wandelungen durchgemacht hast. Mit einem Wort: daß die Welt auf dem Wechsel, das Leben auf der Meinung beruhe.

4.

Haben wir Alle das Denkvermögen gemein, dann auch die Vernunft; dann auch die Stimme, die uns sagt, was wir thun und lassen sollen; dann auch eine Gesetzgebung; wir sind also Alle Bürger eines und desselben Reiches. Und so würde folgen, daß die Welt ein Reich ist. Denn welches Reich wäre sonst dem menschlichen Geschlecht gemein? — Stammt nun etwa jene Denkkraft, jenes Vernünftige und Gesetzgebende aus diesem uns Allen gemeinsamen Reiche oder sonst woher? Denn gleichwie die verschiedenen Stoffe, jeder seine besondere Quelle hat (denn es ist Nichts, was aus dem Nichts entstände, so wenig wie Etwas in das Nichts übergeht), so muß auch das Geistige irgendwoher stammen.

5.

Mit dem Tode verhält sich's wie mit der Geburt: beides Geheimnisse der Natur. Dieselben Elemente, welche hier sich einigen, werden dort gelöst. Und das ist Nichts, was uns unwürdig vorkommen könnte. Es widerspricht weder dem vernünftigen Wesen selbst, noch dem Princip seiner Bildung.

6.

Es liegt freilich in der Natur der Sache, daß gewisse Leute einen solchen Widerspruch darin finden. Aber wer dies nicht will, will nicht, daß die Traube Saft habe.

7.

Aendere Deine Ansicht und — Du hörst auf Dich zu beklagen. Beklagst Du Dich nicht mehr, ist auch das Uebel weg.

8. 9.

Der Begriff des Heilsamen und des Schädlichen schließt es schon in sich, daß was den Menschen nicht verdirbt, auch sein Leben nicht verderben oder verbittern kann weder äußerlich noch innerlich.

10.

Alles was geschieht, geschieht mit Recht; einer genauen Beobachtung kann das nicht entgehen. Auch sage ich nicht blos: es ist in der Ordnung, sondern: es ist recht, d. h. so, als käme es von Einem, der Alles nach Recht und Würdigkeit austheilt. Setze Deine Beobachtungen nur fort, und Du selbst — was Du auch thust, sei gut! gut im eigentlichsten Sinne des Worts! Denke daran bei jeder Deiner Handlungen!

11.

Wie derjenige denkt, der Dich verletzt, oder wie er will, daß Du denken sollst, so denke gerade nicht. Sondern sieh die Sache an, wie sie in Wahrheit ist.

12.

Zu Zweierlei müssen wir stets bereit sein: einmal, zu handeln einzig den Forderungen gemäß, welche das in uns herrschende Gesetz an uns stellt — und das heißt immer auch zugleich zum Nutzen der Menschen handeln. Sodann: auf unserer Meinung nicht zu beharren, wenn Einer da ist, der sie berichtigen und uns so von ihr abbringen kann. Doch muß jede Sinnesänderung davon ausgehen, daß die neue Ansicht die richtige und gute sei, nicht davon, daß sie Annehmlichkeiten und äußere Vortheile verschaffe.

13.

Wenn Du Vernunft hast, warum gebrauchst Du sie nicht? Thut sie das Ihrige, was kannst Du Mehr verlangen?

14.

Was Du bist, ist doch nicht das Ganze. So wirst Du denn auch einst aufgehen in den, der Dich erzeugte; oder vielmehr, nach geschehener Wandlung wirst Du wieder aufgenommen werden in seine Erzeugernatur.

15.

Weihrauch auf dem Altar der Gottheit — das ist des Menschen Leben. Wie Viel davon gestreut schon ist, wie Viel noch nicht, was liegt daran?

16.

Sobald Du Dich zu den Grundsätzen und dem Dienst der Vernunft bekehrst, kannst Du denen ein Gott sein, denen Du jetzt so verächtlich erscheinst.

17.

Richte Dich nicht ein, als solltest Du Hunderte alt werden. Denn wie nahe vielleicht ist Dein Ende! Aber so lange Du lebst, so lange es in Deiner Macht steht — sei gut!

18.

Welch ein Gewinn, wenn man auf anderer Leute Worte, Angelegenheiten und Gedanken nicht achtet, sondern nur merkt auf das eigene Thun, ob es gerecht und fromm und gut sei,

„ — das Auge abgewendet
vom Pfuhl des Lasters, nur der eignen Bahn
nachgehend, grab' und unverrückt."

19.

Der Ruhmbegierige bedenkt nicht, daß auch die in aller Kürze nicht mehr sein werden, die seiner gedenken, und daß es sich mit jedem folgenden Geschlecht ebenso verhält, bis endlich die Erinnerung, durch Solche fortgepflanzt, die nun erloschen sind, selber erlischt. Aber gesetzt auch, sie wären unsterblich, die Deinen Namen nennen, und unsterblich dieses Namens Gedächtniß: was nutzt Dir's? Dir, der Du bereits gestorben bist? Aber auch, was nutzt Dir's bei Deinem Leben? Es sei denn, daß Du ökonomische Vortheile dabei hast. Sind also Ruhm und Ehre Dir zu Theil geworden, achte dieser Gabe nicht! sie macht Dich eitel und abhängig vom Geist und Wort der Andern.

20.

Jegliches Schöne ist schön durch sich selbst und in sich vollendet, so daß für ein Lob kein Raum in ihm ist. Wird es doch durch Lob weder schlechter noch besser. Dies gilt auch von dem, was man in der Regel schön nennt, von dem körperlich Schönen und den Werken der Kunst. Das wahrhaft Schöne bedarf des Lobes ebenso wenig als das göttliche Gesetz, die Wahrheit, die Güte, die Schaam. Oder vermag daran etwa das Lob Etwas zu bessern oder der Tadel Etwas zu verderben? Wird die Schönheit des Edelsteins, des Purpurs, des Goldes, des Elfenbeins, die Schönheit eines Instruments, einer Blüthe, eines Bäumchens geringer dadurch, daß man sie nicht lobt?

21.

Wenn die Seelen fortdauern, wie vermag sie der Luftraum von Ewigkeit her zu fassen? Aber wie ist denn die Erde im Stande, die todten Leiber so vieler Jahrtausende zu fassen? Die Leiber, nachdem sie eine Zeit lang gedauert haben, verwandeln sie sich und lösen sich auf, und so wird andern Leibern Platz gemacht. Ebenso die in den Aether versetzten Seelen. Eine Zeit lang halten sie zusammen, dann verändern sie sich, dehnen sich aus, verbrennen und gehen in das allgemeine Schöpferwesen auf, so daß ein Raum für neue Bewohner entsteht. So etwa ließe sich die Ansicht von der Fortdauer der Seelen erklären. Was aber die Leiber betrifft, so kommt hier nicht blos die Menge der auf jene Weise untergebrachten, sondern auch die der täglich von uns und von den Thieren verzehrten Leiber in Betracht. Welch eine Menge verschwindet und wird so gleichsam begraben in den Leibern derer, die sich davon nähren, und immer derselbe Raum ist's, der sie faßt, durch Verwandlung in Blut, in Luft= und Wärmestoffe. Das Princip oder die Summe aller dieser Erscheinungen ist also: die Auf= lösung in die Materie und in den Urgrund aller Dinge.

22.

Stets entschieden, gilt es, zu sein und das Rechte im Auge zu haben bei jeglichem Streben. In dem Ge= dankenleben aber sei das Begreifliche Dein Leitstern.

23.

Was Dir harmonisch ist, o Welt, ist's auch für mich! Nichts kommt zu früh für mich und Nichts zu spät, wenn's bei Dir heißt: „zu guter Stunde." Eine süße Frucht ist mir Alles, was Du gezeitigt hast, Natur. Von Dir und in Dir und zu Dir ist Alles. — Als jener Theben wiedersah, rief er: „du liebe Stadt des Cekrops!" und ich, ich sollte mit dem Blick auf Dich nicht sagen: „du liebe Stadt des höchsten Gottes?"

24.

Nur auf wenig Dinge, heißt es, darf sich Deine Thätigkeit erstrecken, wenn Du Dich wohl befinden willst. Aber wäre es nicht besser, sie auf das Nothwendige zu richten? auf das, was wir als Wesen, die auf das Leben in Gemeinschaft angewiesen sind, thun sollen?

Denn das hieße nicht blos das Vielerlei, sondern auch das Schlechte vermeiden und müßte uns also doppelt glücklich machen. Gewiß würden wir ruhiger und zufriedener sein, wenn wir das Meiste von dem, was wir zu reden und zu thun pflegen, als überflüssig ließen. Ist es doch durchaus nothwendig, daß wir in jedem einzelnen Falle, ehe wir handeln, eine Stimme der Warnung vernehmen; und sollte die von Etwas ausgehen können, das an sich selbst unnöthig ist? Zuerst aber befreie Deine Gedanken von Allem, was unnütz ist, dann wirst Du auch nichts Unnützes thun.

25.

Mache den Versuch — vielleicht gelingt Dir's — zu leben wie ein Mensch, der mit seinem Schicksal zufrieden ist, und, weil er recht handelt und liebevoll gesinnt ist, auch den inneren Frieden besitzt.

26.

Willst Du? so höre noch dies: Rege Dich nicht selbst auf, und bleibe immer bei Dir. Hat sich Jemand an Dir vergangen: an sich selbst hat er sich vergangen. Ist Dir etwas Trauriges widerfahren: es war Dir von Anfang an bestimmt; was geschieht, ist Alles Fügung. Und in Summa: das Leben ist kurz. Die Gegenwart ist's, die wir nutzen sollen, durch rechtschaffenes und überlegtes Handeln, und wenn wir ausruhen wollen, durch ein besonnenes Ausruhen.

27.

Wenn der ein Fremdling ist in der Welt, der nicht weiß, was auf ihr ist und geschieht, so nenne ich den einen Flüchtling, der sich den Ansprüchen des Staates entzieht; einen Blinden, der das Auge seines Geistes schließt; einen Bettler, der eines Andern bedarf und nicht in sich alles zum Leben Nöthige trägt; einen Auswuchs des Weltalls, der von dem Grundgesetz der Allnatur abweicht und — hadert mit dem Schicksal! als hätte sie, die Dich hervorgebracht, nicht auch dieses erzeugt; ein abgehauenes Glied der menschlichen Gesellschaft, der mit seiner Seele von dem Lebensprincip der einen alle Vernunftwesen umfassenden Gemeinde geschieden ist.

28.

Es giebt Philosophen, die keinen Rock anzuziehen haben und halbnackt einhergehen. „Nichts zu essen, aber treu der Idee." Auch für mich ist die Philosophie kein Brotstudium.

29.

Liebe immerhin die Kunst, die Du gelernt hast, und ruhe Dich aus in ihr. Doch gehe durch's Leben nicht anders wie Einer, der Alles, was er hat, von ganzem Herzen den Göttern weiht, Niemandes Tyrann und Niemandes Knecht.

30.

Betrachten wir die Geschichte, z. B. die Zeiten Vespasians, so finden wir Menschen, die sich freien, Kinder zeugen, krank liegen, sterben, Krieg führen, Feste feiern,

Handel treiben, Acker bauen; finden Schmeichler, Freche, Mißtrauische, Listige, oder solche, die ihr Ende herbeiwünschen, die sich über die schlimmen Zeiten beklagen; finden Liebhaber, Geizhälse, Ehrgeizige, Herrschsüchtige. Denn etwas Anderes tritt uns doch wahrlich nicht entgegen. Gehen wir über auf die Zeiten des Trajan: Alles ganz ebenso. Und auch diese Zeit ging zu Grabe. — So betrachte die Grabschriften aller Zeiten und Völker, damit Du siehst, wie Viele, die sich aufschwangen, nach kurzer Zeit wieder sanken und vergingen. Namentlich muß man immer wieder an die denken, bei denen wir's mit eignen Augen gesehen haben, wie sie nach eitlen Dingen trachteten, wie sie nicht thaten, was ihrer Bildung entsprach, daran nicht unablässig fest hielten und sich daran nicht genügen ließen. Und fällt uns dann die Regel ein, daß die Behandlung einer Sache ihren Maßstab in dem Werth der Sache selbst hat, so wollen wir sie doch ja beobachten, damit wir uns vor dem Ekel bewahren, der die nothwendige Folge davon ist, daß man den Dingen mehr Werth beilegt, als sie verdienen.

31.

Worte, die ehemals in Gebrauch waren, sind nun veraltet. So sind auch die Namen einst hochberühmter Männer, eines Camill, Scipio, Cato, dann eines Augustus, dann Hadrians, dann Antoninus Pius, später gleichsam veraltete Worte. Sie verbleichen bald und nehmen das Gewand der Sage an, bald sind sie gar versunken in Vergessenheit. Dies gilt von denen, die ehemals so wunderbar geleuchtet haben. Denn von den Andern, sind sie nur todt, weiß man Nichts mehr, hat man nie Etwas gehört. Also ist Unvergeßlichkeit ein leeres Wort. Aber was ist es denn nun, wonach sich's lohnt zu streben? Nur das Eine: eine tüchtige Gesinnung, ein Leben zum Besten Anderer, Wahrheit in jeder Aeußerung, ein Zustand des Gemüths, wonach Dir Alles, was geschieht, nothwendig scheint und Dir befreundet, aus einer Quelle fließend, mit der Du vertraut bist.

32.

Gieb Dich dem Schicksal willig hin, und erlaube ihm, Dich mit den Dingen zu verflechten, die es Dir irgend zuerkennt.

33.

Eintagsfliegen sind Beide, der Gedenkende und der, dessen gedacht wird.

34.

Alles entsteht durch Verwandlung, und die Natur liebt Nichts so sehr, als das Vorhandene umzuschaffen und Neues von ähnlicher Art zu erzeugen. Jedes Einzelwesen ist gewissermaßen der Same eines zukünftigen, und es wäre eine große Beschränktheit, nur das als ein Samenkorn anzusehen, was in die Erde oder in den Mutterschooß geworfen wird.

35.

Wie bald wirst Du todt sein, und noch immer bist Du nicht ohne Falsch, nicht ohne Leidenschaft, nicht frei von dem Vorurtheil, daß Aeußeres dem Menschen schaden könne, nicht sanftmüthig gegen Jedermann, und noch immer nicht überzeugt, daß Gerechtigkeit die einzig wahre Klugheit sei.

36.
Sieh sie Dir an diese weisen Männer und wie ihre Geister beschaffen sind, was sie fliehen und was sie verfolgen.

37.
In der Seele eines Andern sitzt es nicht, was Dich unglücklich macht, auch nicht in der Wendung Deiner äußeren Verhältnisse. Wo denn, fragst Du? In Deinem Urtheil! Halte es nicht für ein Unglück, und Alles steht gut. Und wenn, was Dich zunächst umgiebt, Deine Haut verwundet, geschnitten, gebrannt wird, doch muß der Theil Deines Wesens, der über solche Dinge urtheilt, in Ruhe sein, d. h. er muß denken, daß das, was ebenso den Guten wie den Bösen treffen kann, unser Unglück oder unser Glück unmöglich ausmacht. Denn was bald der erfährt, der gegen die Natur lebt, bald wieder der, der ihrer Stimme folgt, das kann doch selbst nicht widernatürlich oder natürlich heißen.

38.
Die Welt ist ein einiges lebendiges Wesen, ein Weltstoff und eine Weltseele. In dieses Weltbewußtsein wird Alles absorbirt, so wie aus ihm Alles hervorgeht, so jedoch, daß von den Einzelwesen eines des anderen Miturache ist und auch sonst die innigste Verknüpfung unter ihnen stattfindet.

39.

Nach Epiktet ist der Mensch — eine Seele mit einem Todten auf dem Rücken.

40.

Was zu dem Wandelungsprozesse gehört, dem wir Alle unterworfen sind, das kann als solches weder gut noch böse sein.

41.

Ein Strom des Werdens, wo Eins das Andre jagt, ist diese Welt. Denn ein jegliches Ding — verschlungen ist's, kaum da es aufgetaucht. Aber kaum ist das Eine dahin, trägt die Woge schon wieder ein Anderes her.

42.

Wie die Rose des Sommers Vertraute und die Früchte die Freunde des Herbstes sind, so ist das Schicksal uns freundlich gesinnt, mag es nun Krankheit oder Tod oder Schimpf und Schande heißen. Denn Kummer machen solche Dinge nur dem Thoren.

43.

Das Folgende entspricht immer dem Vorangehenden, nicht nur in der Weise des Nacheinander mit blos äußerer Verknüpfung, sondern durch ein inneres geistiges Band. Denn wie im Reiche des Gewordenen Alles harmonisch gefügt ist, so tritt uns auch auf dem Gebiete des Werdens keine bloße Aufeinanderfolge, sondern eine wunderbare innere Verwandtschaft entgegen.

44.

Mag es richtig sein, was Heraklit sagt, daß in der Natur das Eine des Andern Tod sei, der Erde Tod das Wasser, des Wassers die Luft, der Luft das Feuer und umgekehrt; doch hat er nicht gewußt, wohin Alles führt. Aber es läßt sich auch von solchen Leuten lernen, die das Ziel ihres Weges aus dem Gedächtniß verloren haben, auch von solchen, die, je mehr sie mit dem Alles beherrschenden Geiste verkehren, thatsächlich sich desto mehr von ihm entfernen, auch von denen, welchen gerade das fremd ist, was sie täglich beschauen, oder die wie im Traume handeln und reden (denn auch das nennt man noch Thätigkeit), oder endlich von solchen, die wie die kleinen Kinder Alles nachmachen.

45.

Wenn Dir ein Gott weissagte, Du werdest morgen, höchstens übermorgen sterben, so könntest Du Dich über dieses „Uebermorgen" doch nur freuen, wenn gar nichts Edles in Dir steckte. Denn was ist's für ein Aufschub! Ebenso gleichgültig aber müßte es Dir sein, wenn man Dir prophezeite: nicht morgen, sondern erst nach langen Jahren!

46.

Wie viele Aerzte sind gestorben, nachdem sie an wie vielen Krankenbetten bedenklich den Kopf geschüttelt; wie viele Astrologen, die erst Andern mit großer Wichtigkeit den Tod verkündigten; wie viele Philosophen, nachdem sie über Tod und Unsterblichkeit ihre tausenderlei

Gedanken ausgekramt; wie viele Kriegshelden mit dem Blute Anderer bespritzt; wie viele Fürsten, die ihres Rechtes über Leben und Tod mit großem Uebermuthe brauchten, als wären sie selbst nicht auch sterbliche Menschen; wie viele Städte — Helion, Pompeji, Herkulanum und unzählige andere — sind, daß ich so sage, gestorben! Dann die Du selbst gekannt hast, Einer nach dem Andern! Der jenen begrub, wurde dann selbst begraben, und das binnen Kurzem. Denn alles Menschliche ist nichtig und vorübergehend, das Gestern eine Seifenblase, das Morgen — erst eine einbalsamirte Leiche, dann ein Haufen Asche. Darum nutze das Heute so wie du sollst, dann scheidet sich's leicht: wie die Frucht, wenn sie reif geworden, abfällt — preisend den Zweig, an dem sie hing, dankend dem Baum, der sie hervorgebracht!

47.

Wie der Fels im Meere, an dem die Wellen unaufhörlich rütteln — aber er steht, und ringsum legt sich der Brandung Ungestüm: so stehe auch Du! Nenne Dich nicht unglücklich, wenn Dir ein „Unglück" widerfuhr! Nein, sondern preise Dich glücklich, daß, obwohl es Dir widerfahren ist, der Schmerz Dir doch Nichts anhat und weder Gegenwärtiges Dich mürbe machen, noch Zukünftiges Dich ängstigen kann. Jedem könnt' es begegnen, aber nicht Jeder hätte es so ertragen. Und warum nennst Du das Eine ein Unglück, das Andere ein Glück? Nennst Du nicht das ein Unglück für den Menschen, was ein Fehlgriff seiner Natur ist? Aber wie sollte das ein

Fehlgriff der menschlichen Natur sein können, was nicht wider ihren Willen ist? Und Du kennst doch ihren Willen? Kann Dich denn irgend ein Schicksal hindern, gerecht zu sein, hochherzig, besonnen, klug, selbstständig in Deiner Meinung, wahrhaft in Deinen Reden, sittsam und frei in Deinem Betragen, hindern an dem, was wenn es vorhanden ist so recht dem Zweck der Menschen-Natur entspricht? So oft also etwas Schmerzhaftes Dir nahe tritt: denke, es sei kein Unglück; aber ein Glück sei's, es mit edlem Muthe zu tragen.

48.

Es ist zwar ein lächerliches aber wirksames Hilfs= mittel, wenn man den Tod will verachten lernen, sich die Menschen zu vergegenwärtigen, welche mit aller Inbrunst am Leben hingen. Denn was war ihr Loos, als daß sie zu früh starben? Begraben liegen sie Alle, die Fabius, Julianus, Lepidus oder wie sie heißen mögen, die allerdings so manche Andere überlebten, dann aber doch auch an die Reihe mußten. — Wie klein ist dieser ganze Lebensraum, und unter wie viel Mühen, mit wie schlechter Gesellschaft, in wie zerbrechlichem Körper wird er zurückgelegt! Es ist nicht der Rede werth. Hinter Dir eine Ewigkeit und vor Dir eine Ewigkeit: dazwischen — was für ein Unterschied, ob Du 3 Tage oder 3 Jahr= hunderte zu leben hast?

49.

Daher begrenze den Weg, den Du zu gehen hast! Du wirst Dich auf diese Weise von mancher Sorge und von manchem Ballast befreien. Das Begrenzte ist der Natur gemäß, Begrenzung die Gesundheit unseres Thuns und Denkens!

Fünftes Buch.

1.

Früh, wenn's Dir Leid thut schon aufgewacht zu sein, sage Dir gleich, Du seist erwacht Dich menschlich zu bethätigen. Um der Thätigkeit willen bist Du geboren und in die Welt gekommen, und Du wolltest verdrießlich sein, daß Du an's Werk gehen mußt? Oder bist Du bereitet worden, in den Federn liegend Dich zu pflegen? Freilich ist dies angenehmer; aber bist Du um des Vergnügens willen da, nicht vielmehr um Etwas zu schaffen und Dich anzustrengen? Siehe alle Kreaturen, die Sperlinge, die Ameisen, die Spinnen, die Bienen, wie jedes sein Werk vollbringt und jedes in seiner Weise an der Aufgabe des Universums arbeitet! Und Du wolltest das Deinige nicht thun? nicht laufen den Weg, den die menschliche Natur Dir vorschreibt? — Man muß doch auch ausruhen, sagst Du. Freilich muß man. Nur in dem Maaße eben, das die Natur Dir selbst an die Hand giebt, ebenso wie für das Essen und Trinken. Darin aber willst Du die Grenzen überschreiten und Mehr thun als nöthig ist, nur in der Thätigkeit dahinten bleiben? Da sieht man, daß Du Dich selbst nicht lieb hast, sonst würdest Du die menschliche Natur und deren Willen lieb haben. Andere, die mit Liebe die Kunst

betreiben, die sie gelernt haben, sind oft so versessen dar=
auf, daß sie darüber vergessen sich zu waschen oder zu
frühstücken. Du aber ehrst die Menschheit in Dir nicht
einmal so hoch wie jene ihre Kunst, wie der Drechsler
seine Drechselei, der Tänzer seine Sprünge, der Geiz=
hals sein Geld, der Ehrgeizige seinen Ruhm. Denn
sobald solche Leute ihrem Beruf mit Eifer hingegeben
sind, liegt ihnen am Essen und Schlafen weit weniger,
als daran, daß sie's weiter bringen in dem, was ihres
Amtes ist. Und Du bist im Stande, das für Andere
Thätigsein niedriger zu stellen und eines solchen Eifers
nicht für werth zu halten?

2.

Es ist wahrlich nicht so schwer, jeden beunruhigenden
und unziemlichen Gedanken, der sich aufdrängt, wieder
loszuwerden und hinwegzutilgen, so daß die vollkommene
Stille und Heiterkeit des Gemüths gleich wieder herge=
stellt ist.

3.

Erkenne, daß Du jeder echt menschlichen Aeußerung
in Wort und Werk würdig bist, und laß Dich von keinem
Tadel oder Stichelrede, die Andere Dir nachsenden, be=
schwatzen. Was edel ist zu sagen und zu thun, dessen
bist Du niemals unwürdig. Jene haben ihre eigenen
Grundsätze, denen sie folgen, und ihren eigenen Sinn.
Darauf darfst Du keine Rücksicht nehmen, sondern mußt
den geraden Weg gehen, den Deine und die allgemein
menschliche Natur Dir vorschreibt. Und es ist in der
That nur ein Weg, den diese beiden Dir weisen.

4.

So laß uns durch's Leben gehen, bis wir verfallen und uns zur Ruhe begeben, den Geist dahin aushauchend, von wo wir ihn tagtäglich eingesogen, dahin zurücksinkend, woher der Keim zu unserm Dasein stammt, woher wir durch so viele Jahre Speise und Trank nahmen, was uns durch's Leben trug und wovon wir oft genug einen schlechten Gebrauch gemacht haben.

5.

Dein Scharfsinn ist es nicht, weswegen man Dich bewundern muß. Aber gesetzt auch, er könnte Dir nicht abgesprochen werden, so wirst Du doch gestehen müssen, daß vieles Andere mehr in Deiner Natur liegt. Und dies ist es nun, was Du vor Allem pflegen und kundgeben mußt, z. B. Deine Lauterkeit und Deinen Ernst, Deine Standhaftigkeit und Deine Abneigung gegen sinnlichen Genuß, Deine Zufriedenheit mit Deinem Schicksal, Deine Mäßigkeit, Güte, Freisinnigkeit, Einfachheit, Dein gesetztes würdevolles Wesen. Und fühlst Du nicht, was Du Alles hättest sein können? was Deine Natur und angeborenes Geschick so wohl zugelassen hätten, und bist es dennoch schuldig geblieben? Oder war es die Mangelhaftigkeit Deiner Naturanlage, was Dich zwang, mürrisch zu sein und knickerig und ein Schmeichler, ein Feind oder Sklave Deines eigenen Leibes, ein eitler und ehrgeiziger Mensch? Wahrlich, nein. Du könntest längst von diesen Fehlern frei sein. Ist es aber wahr, daß Du von Natur etwas schwerfällig bist und

langsam von Begriffen, so gilt es auch darin sich anzu=
strengen und zu üben, nicht, diese Schwäche unberück=
sichtigt zu lassen oder gar sich darin zu gefallen.

6.

Es giebt Menschen, die, wenn sie Jemand einen
Gefallen gethan haben, dies gleich als eine Gunst=
bezeugung angesehen wissen wollen; ferner solche, die
wenn sie auch nicht gerade solche Ansprüche erheben, doch
sehr genau wissen, was sie gethan haben, und den, dem
sie wohl gethan, bei sich selbst wenigstens als ihren
Schuldner betrachten; endlich solche, die gewissermaßen
nicht wissen, was sie thaten — dem Weinstock gleich, der
seine Trauben trägt und Nichts weiter will, nachdem er
die ihm eigenthümliche Frucht einmal hervorgebracht hat.
Das Pferd, das seinen Weg gelaufen ist, der Hund, der
das Wild erjagt, und die Biene, die ihren Honig bereitet
hat, erhebt kein Geschrei, ruft Niemand zu: seht, das
hab' ich gethan, sondern geht gleich zu etwas Anderem
über, wie der Baum wieder neue Früchte ansetzt zu seiner
Zeit. Und so soll's auch beim Menschen sein, wenn er
ein gutes Werk vollbracht hat. — Also wirklich, zu denen
soll man gehören, die, was sie thun, gleichsam auf un=
begreifliche Weise thun? Ja; aber daß wir zu ihnen
gehören, soll man begreifen! Du sagst: ein Wesen, das
zur Gemeinschaft geboren ist, müsse doch wissen, wenn
es seiner Bestimmung gemäß, d. i. wenn es für Andere
handelt, und wahrlich doch auch wollen, daß dies der
Andere merke. Wohl wahr, aber Du machst davon nicht

die richtige Anwendung, und darum bist Du nun einmal Einer von denen, die ich oben beschrieben habe, denn auch bei jenen ist es der Schein von Wahrheit, der sie irre leitet. Jedenfalls aber würdest Du mich mißverstehen, wenn Du aus irgend einem Grunde es unterlassen wolltest, Etwas zum Wohle Anderer zu thun.

7.

Die Athener beteten: „regne, regne, lieber Zeus, auf die Aecker und Wiesen der Athener!" Und man bete entweder gar nicht oder nur in dieser Weise, einfältig und gradezu!

8.

Gerade, wie man sagt, daß Aeskulap dem Einen das Reiten, dem Andern kalte Bäder, dem Dritten baarfuß zu gehen verordnete, ebenso muß man auch sagen, daß die Natur bald Krankheit, bald Verletzung, bald schmerzliche Verluste zu verordnen pflegt. Dort wendet man den Ausdruck an, um zu bezeichnen, daß er den Menschen jene Mittel als der Gesundheit entsprechend gegeben habe, und hier gilt es ja auch, daß alles das, was Einem widerfährt, ihm als dem allgemeinen Schicksal entsprechend gegeben wird. Ebenso brauchen wir von unsern Schicksalen den Ausdruck „sich fügen", wie ihn die Baumeister brauchen von den Quadern, die bei Mauer= oder Pyramidenbauten sich schönstens zusammenordnen. Denn durch Alles geht eine große Harmonie. Und wie im Reiche der Natur die Natur eines Einzelwesens nicht begriffen werden kann außer

im Zusammenhange aller andern Einzelwesen, so auch
auf dem Gebiete des Geschehens kein einzelner Umstand
und Grund abgesehen von allen übrigen: was denn auch
der Sinn jener vulgären Ausdrucksweise ist, wenn man
sagt: es „trug sich zu", oder, es war ihm „beschieden".
Lasset uns also dergleichen hinnehmen, gleichwie jene
nahmen, was Aeskulap ihnen verordnet; denn auch
davon war Manches bitter und wurde süß nur durch die
Hoffnung auf Genesung. Dieselbe Bedeutung aber,
welche für Dich Deine Gesundheit hat, muß auch die Er=
füllung und Vollendung dessen für Dich haben, was im
Sinne des Universums liegt, und Du mußt Alles, was
geschieht, und wäre es auch noch so wenig freundlich,
willkommen heißen, weil seine Tendenz ja nichts Anderes
ist als die Gesundheit der Welt, das Glück und Wohl=
befinden des höchsten Gottes. Hätte es sich doch gar
nicht zugetragen, wenn es nicht für das Ganze zuträglich
gewesen wäre; hätte es doch kein Zufall so gefügt, fügte
es sich nicht harmonisch in die Verwaltung aller Dinge.
Also zwei Gründe sind, weshalb Dir Dein Schicksal
gefallen muß. Der eine: weil es Dein Schicksal ist,
weil es Dir verordnet ward mit Rücksicht auf Dich —
von Oben her in ursächlicher Verkettung mit dem ersten
Grunde. Der andere: weil es der Grund des voll=
kommenen Glückes, ja fürwahr auch des Bestehens dessen
ist, der Alles regiert. Denn es ist eine Verletzung des
Ganzen in seiner Vollständigkeit, wenn Du den gering=
sten seiner Bestandtheile — und seine Bestandtheile sind
immer auch zugleich Ursachen — aus seiner Verbindung

und seinem Zusammenhange reißest. Und — so weit das in Deiner Hand steht, reißest Du wirklich los und trennst das Zusammengehörige, sobald Du murrst über Dein Schicksal.

9.

Du darfst nicht unwillig werden, den Muth nicht sinken lassen oder gar verzweifeln, wenn es Dir nicht vollständig gelingt, immer nach richtigen Grundsätzen zu handeln. Bist Du von Deiner Höhe heruntergefallen, erhebe Dich wieder, sei zufrieden, wenn nur wenigstens das Meiste an Dir nach ächter Menschen Art ist, und laß Dich beglücken von dem, was Dir von Neuem gelang. Meine nicht, daß die Philosophie ein Zuchtmeister sei. Greife zu ihr nur so wie die Augenkranken zum Schwamm oder zum Ei, wie Andere zum Pflaster oder zur Begießung. Denn Nichts wird Dich zwingen der Vernunft zu gehorchen. Man muß sich ihr vielmehr vertrauensvoll hingeben. Du weißt, die Philosophie will nichts Anderes, als was Deine Natur auch will. Du aber hast etwas Anderes gewollt, etwas ihr Widerstreitendes, weil es Dir angenehmer schien. Die Lust macht uns solche Vorspiegelungen. Aber besinne Dich, ob Hochherzigkeit, Freiheit des Geistes, Einfalt, Gleichmuth, Sittenreinheit nicht doch das Angenehmere sind. Oder was ist angenehmer als Weisheit, wenn man darunter das nie Anstoßende, glatt Hinfließende der geistigen Kraft versteht?

10.

Das Wesen und die Bedeutung der Verhältnisse dieses Lebens sind im Allgemeinen in ein solches Dunkel gehüllt, daß sie nicht wenig Philosophen und nicht blos den gewöhnlichen als völlig unbegreiflich erscheinen. Auch die Stoiker bekennen, daß sie sie kaum verstehen. Dann sind auch unsere Ansichten so höchst veränderlich. Es giebt ja keinen Menschen, der sich in seinen Ansichten gleich bliebe. Ferner was nun die „Güter" dieses Lebens anlangt, wie vergänglich uud nichtig sind sie! Können sie doch das Eigenthum jedes Nichtswürdigen werden! Aber nicht minder elend steht es mit dem Geist der Zeit. Selbst die beste seiner Aeußerungen, welche Mühe hat man sie zu ertragen, ja es kostet nicht Wenig, sich selber zu ertragen. Bei solcher Taubheit und Verkommenheit der Zustände, bei diesem ewigen Wechsel des Wesens und der Form, bei dieser Unberechenbarkeit der Richtung, die die Dinge nehmen — was da der Liebe und des Strebens noch werth sein soll, vermag ich nicht zu sehen. Im Gegentheil, es ist der einzige Trost, daß man der allgemeinen Auflösung entgegengeht. — Drum trage geduldig die Zeit, die noch dazwischen liegt, und beherzige nur das, daß Nichts Dir widerfahren kann, was nicht in der Natur des Ganzen begründet liegt, und dann: daß Du die Freiheit hast, Alles zu unterlassen, was wider die Stimme Deines Genius ist. Denn die zu überhören kann Dich Niemand zwingen.

11.

Wozu gebrauchst Du jetzt Deine Seele? So muß man sich bei jeder Gelegenheit fragen. Oder, was geht jetzt vor in dem Theile Deines Wesens, den man den vornehmsten nennt? Oder was für eine Seele haft Du jetzt, die eines Kindes oder eines Jünglings, eines Weibes, eines Tyrannen, eines zahmen oder eines wilden Thieres?

12.

Wie es im Grunde damit steht, was bei der Menge als das Gute gilt, kann man auch daraus erkennen, daß jenes Wort eines alten Komikers: „denn für den Edlen ziemt sich Solches nicht" auf alle diese Scheingüter, wie Reichthum, Luxus, Ehre, anwendbar ist (wiewohl die Leute das allerdings nicht gelten lassen werden), während es auf wahre Güter, wie Klugheit, Mäßigkeit, Gerechtigkeit, Tapferkeit, angewendet vollkommen widersinnig wäre.

13.

Woraus wir bestehen, ist Form und Materie. Keins von Beiden aber wird in's Nichts verschwinden, so wenig wie es aus dem Nichts hervorgegangen ist. Sondern jeder Theil unseres Wesens wird durch Verwandlung übergeführt in irgend einen Theil des Weltganzen; dieser geht dann wieder in einen andern über und so in's Unendliche. Durch diesen Verwandlungsprozeß erhalte ich meine Existenz, durch ihn erhielten sie auch die, die mich erzeugten, und so wieder rückwärts in's Unendliche. Denn „in's Unendliche" darf man wirklich sagen, wenn auch der Weltlauf seine fest begrenzten Zeiträume hat.

14.

Die Vernunft und ihre Praxis sind Kräfte, die sich selbst genügen und die keinen andern Richter über ihre Aeußerungen haben als sich selbst. Sie haben ihr Princip und ihre Tendenz in sich, und richtig heißen ihre Handlungen, weil durch sie der rechte Weg offenbar wird.

15.

Nichts ist Sache des Menschen, was ihn als Menschen Nichts angeht, was von der menschlichen Natur weder gefordert noch verheißen wird, und was zu ihrer Vollendung Nichts beiträgt — was also auch kein Ziel menschlichen Strebens sein oder ein Gut d. i. ein Mittel zu diesem Ziele zu gelangen genannt werden kann. Wäre dies nicht, so hätten wir Unrecht, es als eine Pflicht des Menschen anzusehen, dergleichen Dinge zu verachten und sich ihnen zu widersetzen, und dürften den nicht loben, der ihrer nicht bedarf. Auch könnte, wenn dies Güter wären, der nicht gut sein, der freiwillig dem Genusse solcher Dinge entsagt. Nun aber sind wir in der That um so viel besser, je mehr wir solcher Dinge uns enthalten, und je leichter wir ihren Mangel ertragen.

16.

Wie die Gedanken sind, die Du am häufigsten denkst, ganz so ist auch Deine Gesinnung. Denn von den Gedanken wird die Seele gesättigt. Sättige sie also mit solchen wie die: daß man, wo man auch leben muß, glücklich sein könne; daß Alles um irgend einer Sache willen gemacht sei, und wozu es gemacht sei, dahin werde es auch getragen, und wohin es getragen werde, da liege auch der Zweck seines Daseins, wo aber dieser, da auch das ihm Zuträgliche und Heilsame. Das den vernünftigen Wesen Heilsame aber ist die Gemeinschaft. Denn zur Gemeinschaft sind wir geboren. Oder liegt es nicht auf der Hand, daß das Geringere um des Besseren willen, die besseren Dinge aber für einander da seien? Besser aber als das Unbeseelte ist das Beseelte, und besser als dieses das Vernünftige.

17.

Nach dem Unmöglichen streben ist wahnsinnig; unmöglich aber, daß der gemeine Mensch nicht Solches thun sollte.

18.

Nichts geschieht uns, was zu ertragen uns nicht natürlich wäre. Bei manchen Schicksalen sind wir freilich nur aus Stumpfsinn oder aus Prahlerei standhaft und unverwundbar. Und das ist eben das Traurige, daß Gefühllosigkeit und Gefallsucht stärker sein sollen, als die Besinnung!

19.

Die Umstände sind es nun einmal durchaus nicht, wodurch die Seele berührt wird; sie haben keinen Zugang zu ihr und können sie weder umstimmen, noch irgend bewegen. Die Seele stimmt und bewegt sich einzig selber, und je nach dem Urtheil und der Auffassung, zu der sie's bringen kann, gestaltet sie die Dinge, die vor ihr liegen.

20.

Das Gesetz, das uns vorschreibt, den Menschen wohl zu thun und sie zu tragen, macht sie uns zu den befreundetsten Wesen. Insofern sie uns aber hinderlich werden können, das uns Gebührende zu thun, ist mir der Mensch etwas ebenso Gleichgültiges wie die Sonne, der Wind, das Thier. Nur daß sich ihrem verderblichen Einflusse ja eben entgegentreten läßt. Man entziehe sich ihnen oder suche sie umzuwandeln, so geschieht unserm Streben und unserer Neigung kein Eintrag. Auf diese Weise verwandelt und bildet die Seele ein Hinderniß unseres Wirkens um in sein Gegentheil: was unser Werk aufhalten sollte, gestaltet sich selbst zum guten Werke, und ein Weg eröffnet sich eben da, wo uns der Weg versperrt ward.

21.

Dem, was das Beste in der Welt ist, dem Wesen nämlich, das Alles hat und Alles verwaltet, gebührt unsere Ehrfurcht. Nicht minder aber auch dem, was das Beste in uns ist. Es ist jenem verwandt, da ja auch in uns Etwas ist, was alles Andere hat und wovon Dein ganzes Leben regiert wird.

22.

Was dem Staate nicht schadet, schadet auch dem Bürger nicht. Diese Regel halte fest, so oft Du Dir einbildest, daß Dir ein Schaden geschieht. Ist's keiner für die Gemeinschaft, der Du angehörst, dann auch keiner für Dich. Und wenn's für jene keiner ist — kannst Du dem Menschen zürnen, der Nichts gethan hat, was dem Ganzen schadet?

23.

Denke recht oft daran, wie Alles, was ist und was geschieht, so schnell wieder hinweggeführt wird und entschlüpft. Die ganze Materie ist ein ewig bewegter Strom, alles Gewirkte und alles Wirkende ein tausendfacher Wechsel, eine Kette ewiger Verwandlungen. Nichts steht fest. Vorwärts und rückwärts eine Unendlichkeit, in der Alles verschwindet. Wie thöricht also Jeder, der mit irgend Etwas groß thut, oder von irgend einer Sache sich hin- und herreißen läßt oder darüber jammert, als ob der Kummer nicht nur kurze Zeit währte.

24.

Denke, welch' ein winziges Stück des ganzen Weltwesens Du bist, wie klein und verschwindend der Punkt in der ganzen Ewigkeit, auf den Du gestellt bist, und Dein Schicksal — welch' ein Bruchtheil des gesammten!

25.

Hat mich Jemand beleidigt — mag er selbst zusehen. Es ist seine Neigung, seine Art zu handeln, der er folgte. Ich habe die meinige, so wie die Natur des Alls sie mir gegeben, und ich handle so, wie meine Natur will, daß ich handeln soll.

26.

Der die Herrschaft führende Theil Deines Wesens bleibe stets ungerührt von den leisen oder heftigen Regungen in Deinem Fleische. Er mische sich nicht hinein, beschränke sich auf sein Gebiet und umgrenze jene

Reize in den Gliedern. Steigen sie aber auf einem anderen Wege der Mitleidenschaft zur Seele auf, die ja doch immer mit dem Leibe in Verbindung bleibt, dann ist die Empfindung eine naturgemäße, und man darf ihr nicht entgegen sein, nur daß die Vernunft nicht komme und ihr Urtheil, ob hier etwas Gutes oder Böses, hinzufüge.

27.

Lebe mit den Göttern! d. h. zeige ihnen, daß Deine Seele zufrieden sei mit dem, was sie Dir beschieden, daß sie thue, was der Genius will, den uns der höchste Gott als ein Stück von ihm selbst zum Leiter und Führer gegeben hat. Dieser Genius aber ist der Geist, die Vernunft eines Jeden.

28.

Kannst Du Jemand zürnen, der ein körperliches Gebrechen hat? Er kann Nichts dafür, wenn seine Nähe Dir widerwärtig ist. Ebenso betrachte nun auch die sittlichen Mängel. Allein der Mensch, sagst Du, hat seine Vernunft, und kann erkennen, was ihm fehlt. Sehr richtig. Folglich hast Du Deine Vernunft auch und kannst durch Dein vernünftiges Verhalten Deinen Nächsten zur Vernunft bringen, kannst Dich ihm offenbaren, ihn erinnern, und so, wenn er Dich hört, ihn heilen, ohne daß Du nöthig hättest zu zürnen oder zu seufzen oder hoffährtig zu sein.

29.

Wie Du beim Abschiede vom Leben über das Leben denken wirst, so darfst Du schon jetzt darüber denken und danach leben. Hindert man Dich, dann scheide freiwillig, doch so, als erführst Du dabei nichts Uebles. „Ein Rauch ist Alles; laßt mich gehen!" Warum scheint Dir das so schwer? So lange mich jedoch Nichts dergleichen wirklich zwingt, die Welt zu verlassen, will ich auch frei bleiben und mich von Niemand hindern lassen zu thun, was ich will. Denn was ich will, ist entsprechend der Natur eines vernünftigen, für das Leben in der Gemeinschaft bestimmten Wesens.

30.

Der Geist des Alls ist ein Gemeinschaft bildender. Er hat die Wesen niederer Gattung um der höheren willen erzeugt und die der höheren zu einander gefügt. Man kann es deutlich sehen, wie all' sein Thun besteht im Unterordnen und im Beiordnen, wie er einem Jeglichen die Stellung gab, die seinem Wesen entspricht, und die Wesen der höchsten Ordnung durch gleichen Sinn einander einte.

31.

Prüfe Dich, wie Du bis dahin Dich verhalten hast gegen Götter, Eltern, Brüder, Weib, Kinder, Lehrer, Erzieher, Freunde, Genossen und Diener; ob Du bis dahin keinem unter ihnen auf ungebührliche Weise begegnet bist mit Wort und Werk. Erinnere Dich, was Du schon durchgemacht, und was Du im Stande gewesen bist zu tragen. Wie leicht ist's möglich, daß die Geschichte Deines Lebens bereits vollendet, Dein Dienst vollbracht ist; und wie viel Schönes hast Du schon gesehen, wie oft ist's Dir vergönnt gewesen, Freud und Leid gering zu achten, Deinen Ehrgeiz zu unterdrücken, und gegen Unverständige verständig zu sein!

32.

Warum betrüben rohe unerfahrene Gemüther die gebildeten und erfahrenen? Aber welche Seele nennst Du gebildet und erfahren? Die, welche den Ursprung und das Ziel der Dinge und die Vernunft kennt, die das ganze Universum durchdringt und durch die ganze Ewigkeit in bestimmten Perioden Alles verwaltet.

33.

Wie lange noch, und Du bist Staub und Asche! und nur der Name lebt noch, ja nicht einmal der Name; denn was ist er? — ein bloßer Schall und Nachklang. Und was im Leben am Meisten geschätzt wird, ist nichtig, faul, von größerer Bedeutung nicht, als wenn sich ein Paar Hunde herumbeißen oder ein Paar Kinder sich zanken, jetzt lachend und dann wieder weinend. Glaube aber und Ehrfurcht, Gerechtigkeit und Wahrheit —
— „zum Olymp, der weitstraßigen Erde entflohen!" Was also hält Dich hier noch fest? Alles sinnlich Wahrnehmbare ist unbeständig und fort und fort der Verwandlung unterworfen, die Sinne selbst sind trüb und leicht zu täuschen, und was man Seele nennt ein Aufdampfen des Bluts. Ein Berühmtsein in solcher Welt, wie eitel! So bleibt nur übrig, geduldig zu warten bis wir verlöschen und unsere Stelle wechseln, und bis das geschieht,

die Götter zu ehren und zu preisen, den Menschen wohl zu thun, sie zu ertragen oder sich ihnen zu entziehen. Was aber außerhalb der Grenzen Deines Körper- und Seelenwesens liegt, kann weder Dein werden, noch Dich irgend angehen.

34.

Stets kann es Dir gut gehen, wenn Du richtig wandelst, rechtschaffen denkst und thust. Denn von jedem denkenden Wesen, sei es Gott oder Mensch, gilt dieses Zwiefache: einmal, daß es in seinem Laufe von einem Andern nicht aufgehalten werden kann, und zweitens, daß sein größtes Gut in der gerechten Sinnes- und Handlungsweise besteht, und sein Streben darüber nicht hinausgeht.

35.

Wenn Dies oder Jenes, das sich ereignet, nicht meine Schlechtigkeit noch die Folge meiner Schlechtigkeit ist, noch ein Schaden, der das Ganze trifft, was kann es mir verschlagen? Nur muß man darüber im Klaren sein, in welchem Falle das Ganze betroffen wird.

36.

Nie darfst Du Dich mit Deinen Gedanken von den Andern losmachen, sondern mußt ihnen helfen nach besten Kräften und in dem rechten Maaße. Sind sie freilich nur in unwesentlichen Dingen heruntergekommen, so dürfen sie das nicht für einen wirklichen Schaden halten. Es ist nur ein böses Ding, wie man zu sagen pflegt. Du für Deine Person mache es also immer wie jener Greis, der beim Weggehen von einem spielenden Kinde sich dessen Spielzeug geben ließ, obwohl er recht gut wußte, daß es nur ein Spielzeug war. Oder wolltest Du, ständest Du vor dem Richterstuhl und hörtest die Frage, ob Du nicht wüßtest, was es mit diesen Dingen auf sich habe, antworten: „ja, aber sie schienen doch Dem und Jenem so wünschenswerth?" und dann den wohl= verdienten Spruch empfangen: „also, darum mußtest auch Du ein Narr sein!?" — So sei denn endlich ein= mal, und gerade wenn Du recht verlassen bist, ein glück= licher Mensch, d. i. ein Mensch, der sich das Glück selbst zu bereiten weiß, d: i. die guten Regungen der Seele, die guten Vorsätze und die guten Handlungen.

Sechstes Buch.

1.

Der Stoff der Welt ist bildsam und gefügig, aber etwas Böses kann der ihn beherrschende Geist damit aus sich selbst heraus nicht vornehmen, weil Schlechtes in ihm gar keine Statt hat. Durch ihn kann Nichts zu Schaden kommen, und es ist Nichts, was sich nicht ihm gemäß gestaltete und vollendete.

2.

Darauf darf Dir Nichts ankommen, ob Du vor Kälte klappernd oder im Schweiß gebadet Deine Pflicht thust; ob Du dabei einschläfst oder des Schlafes überdrüssig wirst; ob Du dadurch in schlechten oder in guten Ruf

kommst; ob Du darunter das Leben einbüßest oder sonst
Etwas leiden mußt. Denn auch das Sterben ist ja nur
eine von den Aufgaben des Lebens. Genug, wenn Du
sie glücklich lösest, sobald sie Dir vorliegt.

3.

Die beste Art, sich an Jemand zu rächen, ist, es ihm
nicht gleich zu thun.

4.

Darin allein suche Deine Freude und Erholung, mit
dem Gedanken an Gott von einer Liebesthat zur andern
zu schreiten!

5.

Das nenn' ich die Seele oder das die Herrschaft Füh=
rende im Menschen, was ihn weckt und lenkt, was ihn
zu dem macht, was er ist und sein will, und was bewirkt,
daß Alles, was ihm widerfährt, ihm so erscheine, wie
er's will.

6.

Jegliches Ding vollendet sich gemäß der Natur des
Universums, nicht in Gemäßheit eines andern Wesens,
das etwa die Dinge von Außen umgebe oder ein=
geschlossen wäre in ihrem Innern oder gar völlig getrennt
von ihnen.

7.

Entweder es ist Alles ein Gebräu des Zufalls, Ver=
flechtung und Zerstreuung, oder es giebt eine Einheit,
eine Ordnung, eine Vorsehung. Nehm' ich das Erstere
an, wie kann ich wünschen in diesem planlosen Gemisch,

in dieser allgemeinen Verwirrung zu bleiben? was könnte mir dann lieber sein, als so bald wie möglich Erde zu werden? Denn die Auflösung wartete meiner, was ich auch anfinge. Ist aber das Andere, so bin ich mit Ehrfurcht erfüllt und heiteren Sinnes, dem Herrscher des Alls vertrauend.

8.

Wenn in Deiner Umgebung Etwas geschieht, was Dich aufbringen und empören will, so ziehe Dich rasch in Dich selbst zurück, und gieb den Eindrücken, die Deine Haltung auf's Spiel setzen, Dich nicht über Gebühr hin. Je öfter wir die harmonische Stimmung der Seele wiederzugewinnen wissen, desto fähiger werden wir, sie immer zu behaupten.

9.

Wenn Du eine Stiefmutter und eine rechte Mutter zugleich hättest, so würdest Du zwar jene ehren, Deine Zuflucht aber doch stets bei dieser suchen. Ebenso ist es bei mir mit dem Hofleben und der Philosophie. Hier der Ort, wo ich einkehre, hier meine Ruhestätte. Auch ist es die Philosophie, die mir jenes erträglich macht und die mich selbst erträglich macht an meinem Hofe.

10.

Es ist gar nicht so unrecht, wenn man sich beim Essen und Trinken sagt: also dies ist der Leichnam eines Fisches, dies der Leichnam eines Vogels, eines Schweines u. s. w. und beim Falernerwein: dies hier der ausgedrückte Saft einer Traube, oder beim Anblick eines

Purpurkleides: Was Du hier siehst, sind Thierhaare in Schneckenblut getaucht — denn solche Vorstellungen geben uns ein Bild der Sache, wie sie wirklich ist, und bringen in ihr inneres Wesen ein. — Man mache es nur überhaupt im Leben so, entkleide Alles, was sich uns als des Strebens würdig aufdrängt, seiner Umhüllung, und sehe von dem äußeren Glanze ab, mit dem es wichtig thut. Der Schein ist ein gefährlicher Betrüger. Gerade wenn Du glaubst mit ernsten und hohen Dingen beschäftigt zu sein, übt er am Meisten seine täuschende Gewalt.

11.

Die Menge legt den höchsten Werth auf den Besitz rein sinnlicher Dinge. Höher hinauf fängt man an den Nutzen einzusehen, den uns die beseelte Natur leistet, und noch eine Stufe höher die Brauchbarkeit der in unserm Dienst stehenden Einzelvernunft. Wer aber nichts Edleres und Höheres kennt, als das allgemeine Vernunftwesen, dem ist jenes Alles geringfügig und unbedeutend. Er hat kein anderes Interesse, als daß seine Vernunft der allgemeinen Menschenvernunft entspreche und so sich jederzeit bewege, und daß er Andere seines Gleichen eben dahin bringe.

12.

Hier ist Etwas, das werden, dort Etwas, das geworden sein möchte; und doch ist jedes Werdende zum Theil auch schon vergangen. Dieses Fließen und Wechseln erneuert die Welt fort und fort, wie der ununterbrochene

Schritt der Zeit die Ewigkeit erneuert. Wolltest Du nun auf Etwas, das diesem Strome angehört, der nimmer still steht, einen besondern Werth legen, so würdest Du einem Menschen gleichen, der eben anfinge, einen vorüberfliegenden Sperling in sein Herz zu schließen in dem Moment, wo er seinen Blicken auch schon entschwunden ist. Ist doch das Leben selbst nichts Anderes als das Verdunsten des Bluts und das Einathmen der Luft. Und sowie Du, was Du eingezogen hast, im nächstfolgenden Augenblick immer wieder hingiebst, so wirst Du auch dieses ganze Athmungsvermögen, das Du gestern oder vorgestern empfingst, wieder hingeben. —

13.

Nicht das ist das Wichtige, daß wir ausathmen wie die Pflanzen, einathmen wie die Thiere, oder daß wir die Bilder der Dinge in unserer Vorstellung haben, daß wir durch Triebe in Bewegung gesetzt werden, daß wir uns zusammenschaaren, oder daß wir uns nähren — denn dieselbe Bedeutung hat auch das Ausscheiden der überflüssigen Nahrung; auch nicht, daß wir beklatscht werden — und die Ehre ist größtentheils nichts Anderes. Sondern daß man der uns eigenthümlichen Bildung gemäß sich gehen lasse oder an sich halte, worauf ja jedes Studium und jede Kunst gerichtet ist. Denn jede Praxis will nichts Anderes als die Dinge ihrem Zweck gemäß gestalten, wie man am Weingärtner, am Pferdebändiger, am Lehrer und Pädagogen sehen kann. In dieser gestaltenden Thätigkeit liegt der ganze Werth unseres Daseins. Steht es damit gut bei Dir, so brauchst

Du Dir um andere Dinge keine Sorge zu machen. Hörst Du aber nicht auf, auf eine Menge anderer Dinge Werth zu legen, so bist Du auch noch kein freier, selbständiger, leidenschaftsloser Mensch, sondern stets in der Lage neidisch und eifersüchtig und hinterlistig zu sein gegen die, die besitzen, was Du so hochstellst, und argwöhnisch, daß es Dir Einer nehmen möchte, und in Verzweiflung, wenn es Dir fehlt, und voll Tadel gegen die Götter. Ist es aber die Gesinnung allein, was Deinen Werth und Deine Würde in Deinen Augen ausmacht, so wirst Du Dich selber achten, Deinen Nebenmenschen gefallen und die Götter loben und preisen können.

14.

Aufwärts und niederwärts — ein Kreislauf ist der Elemente Bewegung. Auch die Tugend geht ihren Gang, doch ist er ganz anderer Art, mehr so wie der Lauf, den das Göttliche nimmt. Mag er auch schwer zu begreifen sein: das sieht man, daß sie vorwärts schreitet.

15.

Was thut man? Die Zeitgenossen mag man nicht rühmen, aber von den Nachkommen, die man nicht kennt noch jemals kennen wird, will man gerühmt werden. Ist das nicht grade so, wie wenn's Dich schmerzte, daß Deine Vorfahren Nichts von Dir zu rühmen hatten?

16.

Denke nicht, wenn Dir Etwas schwer ankommt, es sei nicht Menschen=möglich. Und was nur irgend einem

Menschen möglich und geziemend, davon sei überzeugt, daß es auch für Dich erreichbar sein wird.

17.

Wenn uns in der Fechtschule Jemand geritzt oder einen Schlag versetzt hat, so tragen wir ihm das gewiß nicht nach, fühlen uns auch nicht beleidigt und denken nichts Uebles von dem Menschen; wir nehmen uns wohl vor ihm in Acht, aber nicht als vor einem Feinde, der uns verdächtig sein müßte, sondern nur so, daß wir ihm ruhig aus dem Wege gehen. Machten wir es doch im Leben auch so! Ließen wir doch da auch so Manches unbeachtet, was uns von denen widerfährt, mit denen wir ringen. Es steht uns ja immer frei, den Leuten, wie ich's genannt habe, aus dem Wege zu gehen, ohne Argwohn und ohne Feindschaft.

18.

Wenn mich Jemand überzeugen und mir beweisen kann, daß meine Ansicht oder meine Handlungsweise nicht die richtige sei, so will ich sie mit Freuden ändern. Denn ich suche die Wahrheit, sie, die Niemand Schaden zufügt. Wohl aber nimmt der Schaden, der auf seinem Irrthum und seiner Unwissenheit beharrt.

19.

Ich suche das Meinige zu thun: alles Uebrige, Alles, was leblos oder vernunftlos oder seines Weges unkundig und verirrt ist, geht mich Nichts an und kann mich nicht irré machen.

20.

Der unvernünftigen Thiere und aller der vernunftlosen Dinge, die Dir, dem Vernunftbegabten zu Gebote stehen, magst Du mit edlem, freiem Sinn gebrauchen. Der Menschen aber, der ebenso vernunftbegabten, brauche so, daß Du auf die Verbindung Rücksicht nimmst, in der Du von Natur mit ihnen stehst. Und bei Allem, was Du thust, rufe die Götter an, ohne Dir Sorge zu machen um das „Wie oft?" und wenn's nur dreimal geschähe!

21.

Alexander der Große und sein Maulthiertreiber sind beide an denselben Ort gegangen. Entweder wurden sie beide in dieselben Kräfte der zu immer neuen Schöpfungen bereiten Welt aufgenommen, oder sie lösten sich beide auf gleiche Weise in ihre Atome auf.

22.

Bedenke, wie Vielerlei in einem Jeden unter uns in einem und demselben Augenblicke zugleich vorgeht, sei's Leibliches, sei's Geistiges. So kannst Du Dich nicht wundern, wenn so viel Mehr, wenn Alles, was geschieht, in dem Einen und Allen, das wir Welt nennen, zugleich vorhanden ist.

23.

Wenn Jemand Dich fragte, wie der Name Antonin geschrieben wird, würdest Du da nicht jeden Buchstaben deutlich und mit gehaltener Stimme angeben? Warum machst Du's nicht auch so, wenn Jemand mit Dir zankt?

Warum zankst Du wieder und bringst Deine Worte nicht ruhig und gemessen vor? Auf die Gemessenheit kommt's an bei jeder Pflichterfüllung. Bewahre sie Dir, laß Dich nicht aufbringen, leide den, der Dich nicht leiden kann, und gehe ruhig Deines Weges fort.

24.

Welch' ein Mangel an Bildung, wenn Du den Menschen verbieten willst nach dem zu streben, was ihnen gut und nützlich scheint! Und doch thust Du's gewissermaßen allemal, wenn Du darüber Klage führst, daß sie unrecht handeln. Denn auch dabei sind sie doch stets um das bemüht, was ihnen gut und nützlich ist. Du sagst, es sei nicht so, es sei nicht das wahrhaft Nützliche. Darum belehre sie und zeige es ihnen, ohne darüber zu klagen.

25.

Der Tod ist das Ausruhen von den Widersprüchen der sinnlichen Wahrnehmungen, von den Regungen unserer Leidenschaften, von den Entwicklungen unseres Geistes und von dem Dienst des Fleisches.

26.

Du begehst eine Schändlichkeit, so oft in Deinem Leben der Leib Dir nicht den Dienst versagt, wo Deine Seele Dir ihn längst nicht mehr leisten kann.

27.

Nimm Dich vor dem Kaiserwerden in Acht, es liegt etwas Ansteckendes in dieser Hofluft. Bewahre Deine

Einfalt, Tugend, Reinheit, Würde, Deine Natürlichkeit, Gottesfurcht, Deine Gerechtigkeitsliebe, Deine Liebe und Güte und Deinen Eifer in Erfüllung der Pflicht. Ringe danach, daß Du bleibst, wie Dich die Philosophie haben will. Ehre die Götter und sorge für das Heil der Menschen! Das Leben ist kurz. Daß es Dir eine Frucht nicht schuldig bleibe: die heilige Gesinnung, aus der die Werke für das Wohl der Andern fließen! Drum sei in allen Stücken ein Schüler Deines Vorgängers Antonin! so beharrlich und fest wie er im Gehorsam gegen die Gebote der Vernunft, so gleichmüthig in allen Dingen, so ehrwürdig und heiter und warm, auch im Aeußeren, so freundlich, so fern von jeder Ruhmbegier und doch so eifrig Alles zu begreifen und in sich zu verarbeiten! Unterließ er doch Nichts, wovon er sich nicht zuvor gründlich überzeugt hatte, daß es unthunlich sei; ertrug er doch geduldig Alle, die ihn ungerechter Weise tadelten ohne sie wieder zu tadeln. Nichts betrieb er auf eilfertige Manier, und niemals fanden Verleumdungen bei ihm Gehör. Wie selbstständig war sein Urtheil über die Sitten und Handlungen seiner Umgebung! Darum war er auch gänzlich fern von Schmähsucht oder von Aengstlichkeit, von Mißtrauen oder von der Sucht, Andere zu meistern. Wie wenig Bedürfnisse er hatte, konnte man sehen an seiner Art zu wohnen, zu schlafen, sich zu kleiden, zu speisen und sich bedienen zu lassen. Und wie geduldig war er und langmüthig! Seine freundschaftlichen Verbindungen hielt er fest; er konnte die gut leiden, die seinen Ansichten offen widersprachen, und sich freuen.

über Jeden, der ihm das Bessere zeigte. Dabei hat er die Götter geehrt, ohne in Aberglauben zu verfallen. Und so nimm ihn Dir zum steten Vorbild, damit Du so wie er dem Tode mit gutem Gewissen entgegen gehen kannst.

28.

Besinne Dich, komm' wieder zu Dir. Wie Du beim Aufwachen gesehen, daß es Träume waren, was Dich beunruhigt hat: siehe auch das, was Dir im Wachen begegnet, nicht anders an!

29.

Für den Leib des Menschen ist Alles indifferent, d. h. eine unterschiedslose Masse, denn er hat die Fähigkeit zu unterscheiden nicht. Aber auch für die Seele ist Alles indifferent, was nicht ihre eigene Thätigkeit ist. Alles aber, was eine Function der Seele ist, hängt auch lediglich von ihr ab, vorausgesetzt, daß sie sich auf etwas Gegenwärtiges bezieht. Denn was sie zu thun haben wird oder gethan hat, ist auch kein Gegenstand für sie.

30.

Keine Arbeit für meine Hände oder meine Füße ist widernatürlich, so lange sie nur in den Bereich dessen fällt, was Hände und Füße zu thun haben. Ebenso giebt es für den Menschen als solchen keine Anstrengung, die man unnatürlich nennen könnte, sobald der Mensch dabei thut, was menschlich ist. Ist sie aber nichts Unnatürliches, dann gewiß auch nichts Uebles.

31.

Was sind's für Freuden, die der Ehebrecher, Räuber, Mörder, der Tyrann empfindet?

32.

Siehst Du nicht, wie der gewöhnliche Künstler sich zwar dem Geschmack des Publicums zu accomodiren weiß, doch aber an den Vorschriften seiner Kunst fest hält und ihren Regeln zu genügen strebt? Und ist es nicht schlimm, wenn Leute wie der Architekt, der Arzt das Gesetz ihrer Kunst besser im Auge behalten, als der Mensch das Gesetz seines Lebens, das er gemein hat mit den Göttern?!

33.

Was ist Asien und Europa? ein Paar kleine Stückchen der Welt. Was ist das ganze Meer? ein Tropfen der Welt. Und der Athos? eine Weltscholle. Alles ist klein, veränderlich, verschwindend. Aber Alles kommt und geht hervor oder folgt aus jenem allwaltenden Geiste. Und das Schädliche und Giftige ist nur ein Anhängsel des Wohlthätigen und Schönen. Denke nicht, daß es mit dem, was Du verehrst, Nichts zu schaffen habe; sondern siehe bei Allem nur immer auf die Quelle!

34.

Wer sieht, was heute geschieht, hat Alles gesehen, was von Ewigkeit war und in Ewigkeit sein wird. Denn es ist Alles von derselben Art und Gestalt.

35.

Alle Dinge stehen unter einander in Verbindung und sind in sofern einander befreundet. Eines folgt dem Andern und bildet mit ihm eine Reihe, durch die Gemeinschaft des Orts oder des Wesens vermittelt.

36.

Schmiege Dich in die Verhältnisse, die Dir gesetzt sind, und liebe die Menschen, liebe sie wahrhaft, mit denen Du verbunden bist.

37.

Jedes Werkzeug und Gefäß, wenn es thut, wozu es gemacht wurde, ist es gut, wenn auch der, der es verfertigte, längst fort ist. In der Natur aber tragen alle Dinge die sie bildende Kraft in sich und behalten sie, so lange sie selber sind. Und um so ehrwürdiger erscheint diese Kraft, je mehr Du ihrem Bildungstriebe folgst d. h. je mehr sich Alles in Dir nach dem Geiste richtet. Denn im Universum richtet sich auch Alles nach dem Geiste.

38.

So lange Du Etwas, was keine Sache des Vorsatzes und des freien Willens ist, für gut oder böse hältst, so lange kannst Du auch nicht umhin, wenn Dich ein Unfall betrifft oder das Glück ausbleibt, die Götter zu tadeln oder die Menschen zu hassen als die Urheber Deines Unglücks, als die — vermuthlich wenigstens — Schuld sind, daß Du leidest. Und so verführt uns dieser Standpunkt zu mancher Ungerechtigkeit. Wenden wir dagegen die Begriffe Gut und Böse nur bei den Dingen an, die in unserer Macht stehen, so fällt jeder Grund weg, Gott anzuklagen und uns feindlich zu stellen gegen irgend einen Menschen.

39.

Wir Alle arbeiten an der Vollendung eines Werkes, die Einen mit Bewußtsein und Verstand, die Anderen unbewußt. Sogar die Schlafenden nennt, wenn ich nicht irre, Heraklit Arbeiter, Mitarbeiter an dem, was in der Welt geschieht. Aber Jeder auf andre Art. Luxusarbeit ist die Arbeit des Tadlers, dessen, der den Ereignissen entgegenzutreten wagt und das Geschehene ungeschehen machen will. Denn auch solche Leute braucht das Universum. Und Du mußt wissen, zu welchen Du gehörst. Er, der Alles Verwaltende wird sich Deiner schon auf angemessene Weise bedienen und Dich schon aufnehmen in die Zahl der Mitarbeiter und Gehilfen. Du aber sorge dafür, daß Du nicht bist wie ein schlechter Vers im Gedicht.

40.

Will denn die Sonne leisten, was der Regen leistet? Will Aeskulap Etwas hervorbringen? Will auch nur einer von den Sternen ganz dasselbe, was der andere will? Und doch fördern sie alle dasselbe Werk.

41.

Wenn die Götter überhaupt über mich und über das, was geschehen soll, rathschlagen, dann ist ihr Rath auch ein guter. Denn einmal, einen rathlosen Gott kann man

sich nicht leicht vorstellen. Und dann, aus welchem
Grunde sollten sie mir weh thun wollen? Was könnte
dabei für sie oder für das Ganze, dem sie besonders vor-
stehen, herauskommen? Betreffen ihre Berathungen
aber nicht meine besonderen Angelegenheiten, so doch
gewiß die allgemeinen der Welt, aus denen dann auch
die meinigen sich ergeben, und die ich willkommen heißen
und lieben muß. Kümmern sie sich aber um gar Nichts,
was wir jedoch nicht glauben dürfen — und was würde
dann aus unsern Opfern, unsern Gebeten, unsern Eid-
schwüren und aus alle Dem, was wir lediglich in der
Voraussetzung zu thun pflegen, daß die Götter da sind
und daß sie mit uns leben? — aber gesetzt, sie kümmer-
ten sich nicht um meine Angelegenheiten, so liegt es doch
mir selbst ob, mich darum zu kümmern. Denn dazu
habe ich meine Ueberlegung, daß ich weiß, was mir
dienlich ist.

42.

Was Du im Theater und an ähnlichen Orten empfindest,
wo sich Deinem Auge ein und dasselbe Schauspiel immer
wieder darbietet bis zum Ekel, das hast Du im Leben
eigentlich fortwährend zu leiden. Denn Alles, was
geschieht, von welcher Seite es auch kommen mag, ist
doch immer dasselbe. Wie lange wird's nur noch dauern?

43.

Willst Du Deine Freude haben, so richte Deinen Blick
auf die trefflichen Eigenschaften Deiner Zeitgenossen und
siehe, wie der Eine ein so hohes Maaß von Thatkraft,

der Andere von Schaamhaftigkeit besitzt, wie freigebig der Dritte u. s. f. Denn Nichts ist so erquicklich als das Bild von Tugenden, die sich in den Sitten der mit uns Lebenden offenbaren und reichlich unserm Blick sich darbieten. Darum halte es Dir nun auch beständig vor Augen!

44.

Aergert's Dich, daß Du nur so viel Pfund wiegst und nicht mehr? So sei auch nicht ärgerlich darüber, daß Dir nicht länger zu leben bestimmt ist. Denn wie Jeder zufrieden ist mit seinem Körpergewicht, so sollten wir Alle auch zufrieden sein mit der uns zugemessenen Lebensdauer.

45.

Komm, wir wollen versuchen sie zu überreden! Wollen sie nicht, wir thun doch, was das Gesetz der Gerechtigkeit gebietet. Hindern sie uns mit Gewalt, so benutzen wir dieses Hemmniß zur Uebung in einer andern Tugend, im Gleichmuth und in der Seelenruhe. Denn Alles, was wir erstreben, erstreben wir ja nur unter gewissen Voraussetzungen. Halten diese nicht Stich — wer wird das Unmögliche wollen? Nur daß unser Streben ein edles war! Denn ein solches trägt seinen Lohn in sich selbst — wie Alles, was wir thun, gehorchend unserer innersten Natur.

46.

Der Ehrgeizige setzt sein Glück in die Thätigkeit eines Andern, der Vergnügungssüchtige in einen Affekt seiner Seele, der Vernünftige in seine Handlungsweise.

47.

Du hast es gar nicht nöthig, Dir über diese Sache Gedanken zu machen und Deine Seele zu beschweren. Denn eine absolute Nöthigung zum Urtheil liegt niemals in den Dingen.

48.

Gewöhne Dich, wenn Du Jemand sprechen hörst, so genau als möglich hinzuhören, und Dich in seine Seele zu versetzen.

49.

Dem Gelbsüchtigen schmeckt der Honig bitter; der von einem tollen Hunde Gebissene scheut das Wasser; das Kind kennt nichts Schöneres als seinen Ball. Wie kannst Du zürnen? Verlangst Du, daß der Irrthum weniger Einfluß haben soll als eine kranke Galle, als ein dem Körper eingeflößtes Gift?

50.

Niemand kann Dich hindern, dem Gesetze Deiner eigensten Natur zu folgen. Was Du im Widerspruch mit der allgemeinen Menschennatur thust, wird Dir nicht gelingen. —

Siebentes Buch.

1.

Deine Lebensmaximen werden stets ihre Gültigkeit für Dich behalten, so lange Dir die ihnen entsprechenden Grundbegriffe nicht abhanden gekommen sind. Das aber kannst Du verhindern, indem Du dieselben immer wieder zu neuem Leben in Dir anfachst und über das, was nothwendig ist, nicht aufhörst nachzudenken —: wobei Dich Nichts zu stören vermag, weil Alles, was Deinem Gedankenleben äußerlich ist, als solches keinen Einfluß auf dasselbe hat. Halte Dich also nur so, daß es Dir äußerlich bleibt! Hast Du aber Deine Lebenshaltung einmal eingebüßt: Du kannst sie wieder gewinnen. Siehe die Dinge wieder gerade so an, wie Du sie angesehen hattest! Darin besteht alles Wiederaufleben.

2.

Das Leben ist freilich weiter Nichts als ein eitles Jagen nach Pomp, als ein Bühnenspiel, wo Züge von Last- und anderem Vieh erscheinen, oder ein Lanzenrennen, ein Herumbeißen junger Hunde um den hingeworfenen Knochen, ein Geschnappe der Fische nach dem Bissen, die Mühen und Strapazen der Ameisen, das Hin- und Herlaufen unruhig gemachter Fliegen, oder ein Guckkasten, wo ein Bild nach dem andern abschnurrt: aber mitten in diesem Getreibe festzustehen mit ruhigem und freundlichem Sinn, das eben ist unsere Aufgabe.

3.

Bei einer Rede gilt es Acht zu haben auf die Worte, bei einer Handlung auf das ihr zu Grunde liegende Motiv. Dort ist die Frage nach der Bedeutung jedes Ausdrucks, hier handelt sich's um den Zweck, der verfolgt wird.

4.

Die Frage ist, ob meine Einsicht ausreicht, was ich mir vorgenommen, auszuführen oder nicht. Genügt sie, so brauche ich sie als ein Werkzeug, das die Natur mir an die Hand gegeben. Reicht sie nicht aus, dann überlasse ich entweder das Werk dem, der es besser im Stande ist zu vollbringen, wofern dies nicht für mich geradezu unziemlich ist, oder ich handle so gut ich kann mit Zuziehung dessen, der zur Vollendung eines gemeinnützigen Werkes eben meiner Einsicht als Ergänzung bedarf. Denn Alles, was ich thue, mag ich es nun durch meine eigene Kraft oder mit Hilfe eines Andern zu Stande bringen — dem Wohl des Ganzen muß es immer dienen.

5.

Du hast Dich nicht zu schämen, wenn Du Hilfe brauchst. Thu' nur Dein Mögliches! wie bei der Erstürmung einer Mauer jeder Soldat eben auch nur sein Möglichstes thun muß! Denn wie, wenn Du — gelähmt — die Brustwehr allein nicht erklimmen kannst, mit Hilfe eines Andern es aber wohl im Stande bist?

6.

Laß Dich das Zukünftige nicht anfechten! Du wirst, wenn's nöthig ist, schon hinkommen, getragen von derselben Geisteskraft, die Dich das Gegenwärtige beherrschen läßt.

7.

Aus Allem was ist, resultirt doch nur die eine Welt; in Allem, was ist, lebt nur der eine Gott. Es ist nur ein Stoff und ein Gesetz, in den vernunftbegabten Wesen die eine Vernunft. Nur eine Wahrheit giebt's und für die Wesen derselben Gattung auch nur eine Vollkommenheit.

8.

Für die vernünftigen Wesen ist eine naturgemäße Handlungsweise auch immer zugleich eine vernunftgemäße.

9.

Was in dem einzelnen Organismus die Glieder des Leibes, das sind in dem Gesammt-Organismus die einzelnen vernunftbegabten Wesen. Auch sie sind zum Zusammenwirken geschaffen. Sagst Du Dir nur recht oft: Du seist ein Glied in dem großen System der Geister, so kann ein solcher Gedanke nicht anders als Dich auf's Tiefste berühren. Siehst Du Dich aber nur als einen Theil dieses Ganzen an, so liebst Du die Menschen auch noch nicht von Herzen, so macht Dir das Gutes-thun noch nicht an sich selbst Freude, so übst Du es nur als eine Pflicht, so ist es noch keine Wohlthat für Dich selber.

10.

Der Edelstein spricht: was auch Einer thun oder sagen mag, ich muß Edelstein sein und meinen Glanz bewahren. So sprech' auch ich: mag Einer thun und sagen, was er will, ich muß die Tugend bewahren.

11.

Die Seele beunruhige und erschrecke sich nicht. Kann's ein Anderer, mag er's thun. Sie selbst für sich sei

solchen Regungen unzugänglich. Daß aber der Leib
Nichts leide, dafür mag er, wenn er kann, selbst sorgen;
und wenn er leidet, mag er's sagen. Doch die Seele,
der eigentliche Sitz der Furcht und jeder schmerzlichen
Empfindung, kann nicht leiden, wenn Du ihr nicht die
Meinung, daß sie leide, erst beibringst. Denn an und
für sich, und wenn sie sich nicht selbst die Bedürfnisse
schafft, ist die Seele bedürfnißlos und deshalb auch, wenn
sie sich nicht selbst beunruhigt, unerschütterlich.

12.

Das Glück beruht auf der Gesinnung. Das Unglück
hat in tausend Fällen Dir die Phantasie nur vor=
gespiegelt.

13.

Wäre es möglich, daß Dir der Wechsel, dem Alles
unterworfen ist, Furcht einjage? Was könnte denn
geschehen, wenn sich die Dinge nicht veränderten? Was
giebt es Angemesseneres für die Natur als diese Ver=
änderung? Könntest Du Dich denn nähren, wenn die
Speisen sich nicht verwandelten? Ueberhaupt hängt von
dieser Eigenschaft der Nutzen jedes Dinges ab. Und
siehst Du nun nicht, daß die Veränderung, der Du
unterworfen bist, von derselben Art und ebenso noth=
wendig ist für's Universum?

14.

Das Eine liegt mir am Herzen, daß ich Nichts thue,
was dem Willen der menschlichen Natur zuwider ist,

oder was sie in dieser Art oder was sie gerade jetzt nicht will.

15.

Es ist ein dem Menschen eigenthümlicher Vorzug, daß er auch die liebt, die ihm weh gethan haben. Und es gelingt ihm, wenn er bedenkt, daß Menschen Brüder sind, daß sie aus Unverstand und unfreiwillig fehlen, daß Beide, der Beleidigte und der Beleidiger nach kurzer Zeit den Todten angehören werden, und vor Allem: daß eigentlich Niemand ihm schaden d. h. sein Inneres schlechter machen kann als es vorher gewesen.

16.

Wie man aus Wachs formt, so formt das Universum aus der Materie die verschiedenen Wesen; jetzt das Roß, dann, wenn dieses zerschmolz, den Baum, bald den Menschen, bald etwas Anderes, und ein Jegliches nur zu kurzem Bestehen. Aber wie es dem Schifflein gleichgültig war, daß man's gezimmert, so auch, daß man es nun wieder auseinandernimmt.

17.

Wem das Gewissen ausgegangen, hat keine Ursache zu leben.

18.

Sobald Dir Jemand weh gethan hat, mußt Du sogleich untersuchen, welche Ansicht über Gut und Böse ihn dazu vermochte. Denn sowie Dir dies klar geworden, wirst Du Mitleid fühlen mit ihm und Dich weder wundern noch erzürnen. Entweder nämlich findest Du, daß Du über das Gute gar keine wesentlich andere Ansicht hast als er; und dann mußt Du ihm verzeihen. Oder Du siehst den Unterschied; dann aber ist's ja nicht so schwer, freundlich zu bleiben dem, der — sich geirrt hat. —

19.

Denke nicht so oft an das, was Dir fehlt, als an das, was Du besitzest. Und wenn Dir bewußt wird, was davon das Allerbeste sei, mußt Du Dir klar machen, wie Du's gewinnen könntest, im Fall Du es nicht besäßest. Je zufriedener Dich aber sein Besitz macht, um so mehr mußt Du Dich hüten, es mit einem solchen Wohlgefallen zu betrachten, daß Dich sein Verlust beunruhigen könnte.

20.

Alles, sagt Jemand, geschieht nach bestimmten Gesetzen, ob Götter sind oder ob aus Atomen Alles entsteht, gleichviel. Genug eben, daß Alles gesetzmäßig ist.

21.

Der Tod ist Zerstreuung oder Auflösung oder Entleerung, ein Auslöschen oder ein Versetzen.

22.

Der Schmerz — ist er unerträglich, führt er auch den Tod herbei; ist er anhaltend, so läßt er sich auch ertragen. Wenn nur die Seele dabei an sich hält, bewahrt sie auch ihre Ruhe und leidet keinen Schaden. Die vom Schmerz getroffenen Glieder mögen dann, wenn sie können, sich selbst darüber aussprechen.

23.

Plato fragt: Wem hoher Sinn und Einsicht in die Zeiten und in das Wesen der Dinge verliehen ward — glaubst Du, daß der das menschliche Leben für etwas Großes halten kann? und antwortet: Unmöglich kann er's. Nun, und ebenso unmöglich ist's, daß er den Tod für etwas Furchtbares hält.

24.

Ein Ausspruch des Antisthenes: Herrlich ist's, durch Gutesthun in schlechten Ruf kommen.

25.

Schändlich ist's, wenn die Seele nur Macht hat über unsere Mienen, nicht über sich selbst, wenn sie nur jene, nicht aber sich selber umzugestalten vermag.

26.

„Wie kann Dich denn bald Dies, bald Jenes ärgern, das Dich doch Nichts angeht?"

27.

„Freude den ewigen Göttern! doch uns auch Freude verleihe!"

28.

„Die Früchte sind zum Pflücken, so das Leben auch! Hier keimt das Leben, dort der Tod."

29.
„Wenn von den Göttern ich einmal verlassen bin,
Grund ist auch dafür." —

30.
„Was recht und gut, trag ich mit mir herum."

31.
„Mit Andern weinen oder jubeln, nicht geziemt's."

32.
Blicke oft zu den Sternen empor — als wandeltest Du mit ihnen. Solche Gedanken reinigen die Seele von dem Schmutz des Erdenlebens.

33.
Schön ist, was Plato gesagt hat, daß, wer vom Menschen reden wolle, das Irdische gleichsam von einem höheren Standpunkt aus betrachten müsse.

34.
„Zur Erde muß, was von der Erde stammt;
Und zu des Himmels Pforte drängt
Jegliche Art, die seiner Flur entsprossen — "
Was nichts Anderes besagt, als daß sich die ineinander verschlungenen Atome trennen und die fühllosen Elemente sich zerstreuen.

35.

„Durch Essen, Trinken und durch andres Gaukelwerk
Sind wir bemüht, den Tod uns fern zu halten.

Doch müssen wir den Fahrwind, der von Oben her,
Sei's auch zu unserm Leid, hinnehmen ohne Weh."

36.

Bei einer Wirksamkeit, die sich nach göttlichem und menschlichem Gesetz vollzieht, ist niemals Gefahr. Nichts hast Du zu befürchten, sobald Deine Thätigkeit, ihr Ziel in aller Ruhe verfolgend, sich nur auf eine Deiner Bildung angemessene Art entfaltet.

37.

Immer steht es bei Dir, das gegenwärtige Geschick zu segnen, mit denen, die Dir grade nahe stehen, nach Recht und Billigkeit zu verfahren, und die Gedanken, die sich Dir eben darbieten, ruhig durchzudenken, ohne Dich an das Unbegreifliche zu kehren.

38.

Siehe stets nur auf den Weg, den Dich die Natur zu führen Willens ist, die allgemeine sowohl wie Deine besondere. Jene offenbart sich Dir durch die Schickung, die sie Dir zuerkennt, und diese durch die Richtung, die sie Deiner Thätigkeit zu geben sucht.

39.

Lebe so, als solltest Du jetzt scheiden und als wäre die Dir noch vergönnte Zeit ein überflüssiges Geschenk.

40.

Bei Allem, was Dir widerfährt, stelle Dir diejenigen vor Augen, denen dasselbe widerfahren ist, und die sich dabei widerwillig, voll eitler Verwunderung oder höchst vorwurfsvoll bewiesen haben. Denn wolltest Du diesen wohl gleichen? oder wolltest Du nicht lieber solche ungehörige Eigenschaften Anderen überlassen, selbst aber nur darauf achten, wie Du Deine Erfahrungen zu benutzen habest? Und Du wirst sie auf's Beste benutzen, sie werden Dir einen herrlichen Stoff liefern, wenn Du keine andere Absicht hast, als Dich bei Allem, was Du thust, als edler Mensch zu zeigen, dessen eingedenk, daß alles Andere gleichgültig für Dich ist, nur nicht, wie Du handelst!

41.

Blicke in Dein Inneres! Da drinnen ist eine Quelle des Guten, die nimmer aufhört zu sprudeln, wenn Du nur nicht aufhörst nachzugraben.

42.

Auch der Körper muß eine feste Haltung haben und weder in der Bewegung noch in der Ruhe diese Festigkeit verleugnen. Denn wie Deine Seele auf Deinem Gesicht zu lesen ist und eben darum Deine Mienen zu beherrschen und zu formen weiß, so soll auch der ganze

Körper ein Ausdruck der Seele sein. Aber wohlgemerkt! ohne jede Affectation!

43.

Dieselbe Kunst, wie in den Kampfspielen, wo man gerüstet sein muß auch auf solche Streiche, die unvorhergesehen, plötzlich kommen, gilt es auch im Leben.

44.

Kenntest Du die Quellen, aus denen bei so Vielen Urtheile und Interessen fließen, Du würdest nach der Menschen Lob und Zeugniß nicht begierig sein.

45.

Keine Seele, heißt es irgendwo, kommt anders um die Wahrheit als wider ihren Willen. Nicht anders also auch um die Gerechtigkeit und Mäßigkeit und Güte, um alle diese Tugenden. — Je mehr man das beherzigt, desto milder wird man gegen Alle.

46.

So Manches ist dem Schmerze eng verwandt, was nur mehr auf verborgene Weise lästig wird z. B. Schläfrigkeit, innere Gluth, Appetitlosigkeit. Drum sage Dir, wenn so Etwas Dich trifft, nur geradezu: Du littest.

47.

Du darfst gegen Unmenschen nicht so gesinnt sein, wie die Menschen gegen Menschen gesinnt zu sein pflegen.

48.

Die Natur hat Dich nicht so dem großen Teige einverleibt, daß Du Dich nicht eingrenzen und das Deinige allein aus Dir selbst heraus thun könntest. Du kannst fürwahr ein göttlicher Mensch sein, ohne von irgend einer Seele gekannt zu werden. Und magst Du daran verzweifeln, in der und jener Wissenschaft oder Kunst jemals Dich auszuzeichnen: ein freier, edler, hilfreicher, gottesfürchtiger Mensch kannst Du immer werden.

49.

Bei Allem, was Dir geschieht, schäle Dein Verstand das Wesen der Sache heraus aus dem Scheine, der sie so oft entstellt, und der Gebrauch, den Du von ihr machst, beweise wo möglich, daß Du sie gesucht. Denn Alles muß Dir dienen zum Material der Uebung in irgend einer göttlichen und menschlichen Kunst.

50.

Den unsterblichen Göttern ist es keine Last, die ganze Ewigkeit hindurch fortwährend eine solche Masse Nichtswürdiger zu dulden — vorausgesetzt, daß sie sich um sie kümmern. Und Du — Du wolltest ungeduldig werden? und bist vielleicht gar selbst Einer von ihnen?

51.

Lächerlich ist es, der Schlechtigkeit Anderer aus dem Wege gehen zu wollen, was unmöglich, aber der eigenen nicht, was doch möglich ist.

52.

Wenn Du ein gutes Werk gethan und dem Anderen wirklich wohl gethan hast, warum dann so gar thöricht, ein Drittes zu begehren, nämlich den Ruhm ob solcher That oder irgend eine Erwiederung?

53.

Niemand bekommt es überdrüssig, sich Vortheile zu verschaffen. Vortheil verschaffen aber ist eine Thätigkeit, an die wir von Natur gewiesen sind. Darum werde nie müde, Dir Vortheile zu verschaffen, indem Du selber Vortheil schaffst.

Achtes Buch.

1.

Mag es immerhin Deinen Ehrgeiz herabdrücken, daß Du nicht allezeit, daß Du zumal in Deiner Jugend nicht wie ein Philosoph gelebt hast, sondern vielen Anderen und Dir selbst auch als ein Mensch erschienen bist, der von der Philosophie weit entfernt ist, so daß es Dir nicht leicht sein dürfte, Dir noch das Ansehen eines Philosophen zu verschaffen. Ein solcher Strich durch Deine Rechnung ist nur heilsam. Genügen muß es Dir nun, von jetzt an so zu leben, wie es Deine Natur vorschreibt. Achte also darauf, was sie will, und laß Dich durch Nichts davon abbringen. Du hast so manches versucht, Dich hierhin und dorthin gewendet, aber nirgends Dein Glück gefunden, nicht im Spekuliren, nicht im Reichthum, nicht in der Ehre, nicht in der Sinnenlust, nirgends. Wo ist es denn nun wirklich? Nur im Thun dessen, was die menschliche Natur begehrt. Und wie gelangt man dazu? Dadurch, daß man die Principien festhält, aus denen ein solches Streben und Handeln mit Nothwendigkeit hervorgeht, die Grundsätze, daß dem Menschen Nichts gut sei, was ihn nicht gerecht, mäßig, standhaft und frei macht, und daß Nichts böse sei, was nicht das Gegentheil von alle dem hervorbringt.

2.

Bei jeder Handlung frage Dich: wie steht es eigentlich damit? wird es Dich auch nicht gereuen? Eine kurze Zeit nur noch, und Du bist todt und Alles hat aufgehört. Wenn aber das, was Du vorhast, einem Wesen geziemt, das Vernunft hat, auf die Gemeinschaft angewiesen ist und nach denselben Gesetzen wie die Götter leben soll, was verlangst Du Mehr?

3.

Was sind Alexander, Cäsar, Pompejus gegen Diogenes, Heraklit und Sokrates? Denn diese hatten die Welt der Dinge erforscht und kannten den Grund und die Weise ihres Bestehens, und ihre Seelen blieben sich immer gleich. Bei Jenen aber welche Furcht vor den Dingen und welche Abhängigkeit von ihnen!

4.

— Nur fein ruhig und gelassen: sie werden's thun und wenn Du Dich zerrissest!

5.

In der gesammten Natur liegt die Tendenz sich wohl-zuverhalten. Die Natur der vernunftbegabten Wesen ist aber nur dann in ihrem normalen Zustande, wenn sie, was das Gedankenleben betrifft, weder der Unwahrheit, noch dem Unerkannten beifällt, wenn sie die Strebungen der Seele nur auf gemeinnützige Werke richtet, unseren Neigungen und Abneigungen nur solche Gegenstände giebt, die in unserer Macht stehen, und wenn sie Alles billigt, was die gesammte Natur über uns verhängt. Denn sie ist ein Theil dieser Allnatur, wie die Natur des Blattes ein Theil der Baum-Natur, nur daß diese als fühllose und vernunftlose in ihrem Bestehen gehemmt werden kann, während die menschliche Natur ein Theil der ungehinderten, vernünftigen und gerechten Natur ist, vor der die zu ihr gehörigen Einzelwesen gleich sind unter einander, indem sie jedem von Zeit und Stoff und Form und Fähigkeit so Viel giebt, als seinem Wesen entspricht, eine Gleichheit, die wir freilich nicht sehen, wenn wir die Einzelwesen unter einander vergleichen, sondern nur, wenn wir deren Gesammtheit mit der der andern Ordnung zusammenhalten.

6.

So Manches geziemt sich nicht zu jeder Zeit. Wohl aber geziemt sich's immer, den Stolz zurückzudrängen, Freud' und Leid gering zu achten, über ehrgeizige Gelüste erhaben zu sein, gefühllosen und undankbaren Menschen nicht zu zürnen, ja vielmehr sich ihrer anzunehmen.

7.

Niemand höre Dich hinfort an, wenn Du das Leben am Hofe überhaupt oder wenn Du das Deinige tadelst.

8.

Die Reue ist eine Selbstanklage darüber, daß man sich einen Vortheil hat entgehen lassen. Das Gute aber ist nothwendig vortheilhaft und somit auch die Sorge des guten und edlen Menschen. Dagegen hat wohl noch nie der edle Mensch darüber Reue gefühlt, daß er sich ein Vergnügen hat entgehen lassen; woraus denn zu entnehmen, daß die Lust nichts Vortheilhaftes und nichts Gutes ist.

9.

Jeder Gedanke des Menschen hat eine physiologische, eine pathologische und eine dialektische Seite.

10.

Sobald Du weißt, was für Ansichten und Grundsätze Einer hat über Gut und Böse, über Lust und Schmerz und über die Wirkungen beider, über Ehre und Schande, Leben und Sterben, kann Dir nicht wunderbar und fremdartig vorkommen, was er thut; Du weißt alsdann: er ist gezwungen, so zu handeln. Und ferner wenn sich doch kein Mensch darüber wundert, daß der Feigenbaum Feigen trägt, und der Arzt nicht, wenn Jemand das Fieber hat, noch der Steuermann, wenn der Wind entgegen steht; warum das befremdlich finden, daß das Universum hervorbringt, was dem Keime nach in ihm liegt? —

11.

Seine Meinung zu ändern, und dem, der sie berichtigt, Gehör zu schenken ist Nichts, was unsere Selbstständigkeit aufhebt. Es ist ja doch auch dann Dein Trieb und Urtheil, Dein Sinn, aus welchem Deine Thätigkeit hervorgeht.

12.

Lag's an Dir, warum hast Du's gethan? War ein Anderer Schuld, wem willst Du Vorwürfe machen? Den Atomen oder den Göttern? Beides ist Unsinn. Du hast Niemand Vorwürfe zu machen. Suche den, der Schuld war, eines Besseren zu belehren, oder wenn dies nicht möglich, bessere an der Sache selbst. Aber auch, wenn dieses nicht angeht, wozu sollen die Vorwürfe? Man muß eben Nichts ohne Ueberlegung thun.

13.

Was stirbt, kommt darum noch nicht aus der Welt. Aber wenn es auch hier bleibt, verändert es sich doch und löst sich auf in seine Grundstoffe, in die Elemente der Welt und in Deine. Und auch diese ändern sich — ohne Murren.

14.

Es ist mit jedem Dinge, seinem Ende, Ursprunge und Bestehen nach nicht anders wie mit einem Balle, den Jemand wirft. Ist's etwas Gutes, wenn er in die Höhe steigt, oder etwas Schlimmes, wenn er niederfährt und zur Erde fällt? Was ist's für eine Wohlthat für die Wasserblase, wenn sie zusammenhält und was für ein

Leib, wenn sie zerplatzt? Und ebenso das Licht, wenn es brennt und wenn es verlischt?

15.

Was Du thust, setze stets in Beziehung auf der Menschen Wohlfahrt; was Dir widerfährt, nimm hin und beziehe es auf die Götter, als auf die Quelle aller Dinge, aus der jegliches Geschehen herfließt.

16.

Wir müssen in unser Leben Ordnung und Planmäßigkeit bringen, und jede unserer Handlungen muß ihren bestimmten Zweck haben. Wenn sie den erreicht, ist es gut; und eigentlich kann sie Niemand daran hindern. Aeußere Hemmnisse können wenigstens Nichts thun, um sie minder gerecht, besonnen, überlegt zu machen, und wenn sie sonst Deiner Thätigkeit Etwas in den Weg legen, so bietet sich wohl gerade durch ein Hinderniß, wenn man's nur gelassen aufnimmt und begierig Acht hat auf das, was zu thun übrig bleibt, ein neuer Gegenstand der Thätigkeit uns dar, dessen Behandlung sich in die Lebensordnung fügen läßt, von der wir reden.

17.

Sei bescheiden, wenn Du empfangen, und frisch bei der Hand, wenn Du Etwas weggeben sollst!

18.

Solltest Du einmal eine abgehauene Hand, einen Fuß, einen Kopf, getrennt vom übrigen Körper zu sehen bekommen: siehe, das sind Bilder solcher Menschen, die nicht zufrieden sein wollen mit ihrem Schicksal, oder deren Handlungsweise blos ihrem eigenen Vortheil dient, ein Bild auch Deines Wesens, wie Du manchmal bist. Doch sieh', es steht Dir frei, Dich wieder mit dem großen Ganzen zu vereinigen, von dem Du Dich geschieden hast. Anderen Gliedern des Universums verstattet die Gottheit nicht, nachdem sie sich abgelöst haben, wieder zusammenzukommen. Aber dem Menschen hat es ihre Güte gewährt. Sie legte es von Haus aus in des Menschen Hand, in dem Zusammenhang mit dem Ganzen zu verbleiben und wenn er daraus geschieden war, zurückzukehren, auf's Neue mit ihm zu verwachsen und den alten Platz wieder einzunehmen.

19.

Wie die Natur jegliches Hinderniß als solches zu beseitigen, in ihre Nothwendigkeit hereinzuziehen und zu einem Bestandtheil ihrer selbst zu machen weiß, so kann auch das vernunftbegabte Wesen jede Hemmung in seinen eigenen Stoff verwandeln und sie benutzen zur Verwirklichung seines Strebens, worauf dasselbe auch gerichtet sein möge.

20.

Wenn Du Dein Leben im Ganzen vor Dir hättest, wenn Du sähest, was Dir Alles bevorsteht, welche Unruhe müßte Dich ergreifen! Aber wenn Du ruhig wartetest bis es kommt, und bei jedem Einzelnen, wenn es da ist, Dich fragteſt, was denn dabei eigentlich nicht zu ertragen ſei — Du müßteſt Dich Deiner Verzagtheit ſchämen. Bekümmern ſollten wir uns immer nur um das Gegenwärtige, da uns nur dieſes, nicht Zukünftiges und nicht Vergangenes, wirklich läſtig werden kann. Und gemindert unfehlbar wird dieſe Laſt, wenn wir das Gegenwärtige rein ſo nehmen, wie es iſt, ihm nichts Fremdes hinzudichten und uns ſelber widerlegen, wenn wir meinen, auch dies nicht einmal ertragen zu können.

21.

Eine Tugend, die der Gerechtigkeit entgegengeſetzt wäre, habe ich in der Natur eines vernünftigen Weſens nicht auffinden können; wohl aber eine, die der Luſt entgegenſteht, die Enthaltſamkeit nämlich.

22.

Könnteſt Du Deine Anſicht über das, was Dich zu ſchmerzen ſcheint, ändern, ſo würdeſt Du vollſtändig in Sicherheit ſein. Du, ſage ich, nämlich die Vernunft. Aber ich bin nicht die Vernunft, entgegneſt Du. Mag ſein, wenn ſich die Vernunft nur eben nicht betrübt. Alles Uebrige, wenn es ſich ſchlecht befindet, mag denken und fühlen, was es will.

23.

Jede Hemmung des Empfindungslebens ſowohl, wie die eines Triebes iſt für die animaliſche Natur ein Uebel. Anders die Hemmungen und Uebel in dem Pflanzenleben. Für die geistbegabten Wesen aber kann nur das ein Uebel sein, was das Geistesleben stört. Hiervon mache die Anwendung auf Dich selbst. Leid und Freude berühren nur die Sphäre des Empfindens. Eine Hemmung des Triebes kann allerdings auch schon für die vernünftige Kreatur ein Uebel sein; allein nur dann, wenn es ein absoluter Trieb ist. Dann aber, wenn Du so nur das Universelle in's Auge fassest, was sollte Dir schaden und was Dich hindern können? Denn in die dem Geiste eigenthümliche Sphäre kann nichts Anderes störend eingreifen, nicht Feuer, nicht Eisen, kein Despot, keine Lästerung, Nichts, was nicht vom Geiste selber herrührt. So lange eine Kugel besteht, so lange bleibt sie eben — rund nach allen Seiten.

24.

Habe ich noch niemals einen Andern absichtlich betrübt, so ziemt es mir auch nicht, mich selber zu betrüben.

25.

Mögen Andere ihre Freude haben, woran sie wollen; meine Freude ist, wenn ich eine gesunde Seele habe, ein Herz, das keinem Menschen zürnt, nichts Menschliches sich fern hält, sondern Alles mit freundlichem Blick ansieht und aufnimmt, und Jedem begegnet, wie's ihm gebührt.

26.

Nimm mich und versetze mich, wohin Du willst! Bringe ich doch überall den Genius mit, der mir günstig ist, den

Geist, der seine Aufgabe darin erkennt, sich so zu verhalten und so zu wirken, wie es seine Bildung verlangt. Und welche äußere Lebensstellung wäre es werth, daß um ihretwillen meine Seele sich schlecht befinde und herabgedrückt oder gewaltsam erregt, gebunden oder bestürzt gemacht ihres Werthes verlustig ginge? Was kannst Du finden, das solcher Opfer werth wäre?

27.

Wenn in Deiner Gemüthsverfassung Etwas ist, was Dich bekümmert, wer hindert Dich den leitenden Gedanken, der die Störung verursacht, zu berichtigen? Ebenso wenn es Dir leid ist, das nicht gethan zu haben, was Dir als das einzig Richtige erscheint, warum thust Du es nicht lieber noch, sondern giebst Dich dem Schmerz darüber hin? Du vermagst es nicht, ein Hinderniß, stärker als daß Du's beseitigen könntest, hält Dich ab? Nun so wehre der Traurigkeit nur um so mehr: der Grund, warum Du's unterließest, liegt ja dann nicht in Dir! Aber freilich, wenn man so nicht handeln kann, ist's nicht werth zu leben. Und darum scheide Du aus dem Leben mit frohem Muthe und — da Du ja auch sterben müssest, wenn Du so gehandelt — freundlichen Sinnes gegen die, die Dich gehindert!

28.

Die Seele des Menschen ist unangreifbar, wenn sie in sich gesammelt daran sich genügen läßt, daß sie Nichts thut, was sie nicht will, auch wenn sie sich einmal unvernünftiger Weise widersetzen sollte, am Meisten aber wenn sie jederzeit mit Vernunft zu Werke geht. Darum, sage ich, ist die leidenschaftslose Seele eine wahre Burg und Festung. Denn der Mensch hat keine stärkere Schutzwehr. Hat er sich hier geborgen, kann ihn Nichts gefangen nehmen. Wer dies nicht einsieht, ist unverständig; wer es aber einsieht und dennoch seine Zuflucht dort nicht sucht, unglücklich.

29.

Zu dem, was Dich ein erster scharfer Blick gelehrt, thue dann weiter Nichts hinzu. Du hast erfahren, Der und Jener rede schlecht von Dir. Nun gut. Aber, daß Du gekränkt seist, das hast Du nicht gehört. Du siehst, Dein Kind ist krank. Nun gut. Aber daß es in Gefahr schwebe, das siehst Du nicht. Und so lasse es immer bei dem Ersten bewenden, und thue Nichts aus Deinem Innern hinzu, so wird Dir auch Nichts geschehen. Hast Du aber dennoch Deine weiteren Gedanken dabei, so beweise Dich hierin gerade als ein Mensch, der, was im Leben zu geschehen pflegt, durchschaut hat.

30.

„Hier diese Gurke ist bitter." Lege sie weg! „Hier ist ein Dornstrauch." Geh ihm aus dem Wege! Weiter ist darüber Nichts zu sagen. Wolltest Du fortfahren und fragen: aber wozu in aller Welt ist solches Zeug? so würde Dich der Naturforscher gründlich auslachen, ebenso wie Dich der Tischler und der Schuster auslachen würde, wenn Du's ihnen zum Vorwurf machtest, daß in ihren Werkstätten Späne und Ueberbleibsel aller Art herumliegen. Mit dem Unterschiede, daß diese Leute einen Ort haben, wohin sie diese Dinge werfen, die Natur aber hat Nichts draußen. Sondern das Bewundernswürdige ihrer Kunst besteht eben darin, daß sie, die sich lediglich selber begrenzt, Alles, was in ihr zu verderben, alt und unnütz zu werden droht, so in sich hinein verwandelt, daß sie daraus wieder anderes Neue macht, daß sie keines Stoffes außer ihr bedarf und das faul Gewordene nicht hinauszuwerfen braucht. Sie hat an ihrem eigenen Raume, an ihrem eigenen Material und an ihrer eigenen Kunst völlig genug.

31.

Hört denn die reine süße Quelle auf, rein und süß zu quellen, wenn Einer, der dabei steht, sie verwünscht? Und wenn er Schmutz und Schlamm hineinwürfe, würde sie's nicht sofort ausscheiden und hinwegspülen, um rein zu bleiben wie zuvor? Du auch bist im Besitz einer solchen ewig reinen Quelle, wenn Du die Seele frei, liebevoll, einfältig, ehrfurchtsvoll Dir zu bewahren weißt.

32.

Wer nicht weiß, was die Welt ist, weiß nicht, wo er lebt. Aber nur, wer da weiß, wozu er da ist, weiß, was die Welt ist.

33.

Wie oft strebst Du danach, einem Menschen zu gefallen, der sich selber nicht gefällt? Oder kann sich der gefallen, der fast Alles, was er thut, bereut?

34.

Hinfort verkehre Du nicht blos mit der Dich umgebenden Luft, sondern ebenso auch mit dem Alles umgebenden Geiste! Denn der Geist ergießt und vertheilt sich nicht minder überall dahin, wo Jemand ist, der ihn einzusaugen vermag, als die Luft dahin, wo man sie athmen kann.

35.

Im Allgemeinen schadet das Böse der Welt nicht, und im einzelnen Falle schadet es nur dem, dem es vergönnt ist, sich frei davon zu machen, sobald er nur will.

36.

Nach meinem Dafürhalten ist die Ansicht, die mein Nächster hat, etwas ebenso Gleichgültiges für mich als sein ganzes geistiges und leibliches Wesen. Denn wenn es auch durchaus das Richtige ist, daß wir Einer um des Andern willen da sind, so ist doch jede unserer Seelen etwas Selbstständiges für sich. Wäre dies nicht, so müßte ja auch die Schlechtigkeit meines Nebenmenschen mein Verderben sein, was doch der Gottheit nicht gefallen hat, so einzurichten, damit mein Unglück nicht von Andern abhängig sei.

37.

Die Sonnenstrahlen scheinen von der Sonne herzufließen, und wiewohl sie sich überall hin ergießen, werden sie doch nicht ausgegossen. Denn dieses Fließen und Gießen ist Nichts als Ausdehnung. Recht deutlich kann man sehen, was der Strahl sei, wenn die Sonne durch eine enge Oeffnung in einen dunkeln Raum scheint. Ihr Strahl fällt in gerader Richtung und wird, nachdem er die Luft durchschnitten hat, an dem gegenüber stehenden Körper gleichsam gebrochen. Doch bleibt er an ihm haften und löscht nicht aus. Ebenso nun müssen die Ausstrahlungen der Seele sein, kein Ausgießen, sondern ein sich Ausdehnen, kein heftiges und stürmisches Aufprallen auf die sich entgegenstellenden Objecte, aber auch kein Herabgleiten von ihnen, sondern ein Beharren und Erleuchten alles dessen, was ihrer Strömung begegnet, und so, als beraube jegliches Ding sich selbst ihres Glanzes, wenn es ihn nicht empfängt.

38.

Wer sich vor dem Tode fürchtet, fürchtet sich entweder vor dem Erlöschen jeglicher Empfindung, oder vor einem Wechsel des Empfindens. Aber wenn man gar Nichts mehr fühlt, ist auch ein Schmerz nicht mehr möglich. Erhalten wir aber ein anderes Fühlen, so werden wir andere Wesen, hören also auch nicht auf zu leben.

39.

Die Menschen sind für einander geboren. So lehre oder dulde, die's nicht wissen.

40.

Anders ist der Flug des Geschosses und anders der, den der Geist nimmt. Und doch bewegt sich der Geist, wenn er Bedacht nimmt, oder wenn er überlegt, nicht weniger in grader Richtung und dem Ziel entgegen.

41.

Suche einzubringen in jedes Menschen Inneres, aber verstatte es auch Jedermann in Deine Seele einzudringen!

Neuntes Buch.

1.

Wer unrecht handelt, handelt gottlos. Denn die Natur hat die vernünftigen Wesen für einander geschaffen, nicht daß sie einander schaden, sondern nach Würdigkeit einander nützen sollen. Wer ihr Gebot übertritt, frevelt demnach offenbar wider die älteste der Gottheiten. Auch der mit Lügen umgeht, ist gottlos. Denn die Natur ist das Reich des Seienden. Alles aber, was ist, stimmt als solches überein mit seinem Grunde. Und diese Uebereinstimmung nennt man Wahrheit. Auf ihr basirt Alles, was man wahr nennt im einzelnen Falle. Der Lügner also handelt gottlos, weil, ist er's absichtlich, er Andere betrügt und somit unrecht handelt; ist er's unwillkürlich, weil er nicht mit der Natur im Einklang ist, weil er die Ordnung stört, indem er ankämpft gegen das Ganze. Denn im Kampf ist Jeder, der sich wider die Wahrheit bestimmt, weil er von Natur für sie bestimmt ward. Wer aber dies außer Acht läßt, ist schon so weit, Wahrheit und Lüge nicht unterscheiden zu können. Endlich handelt auch der gottlos, der dem Vergnügen nachgeht als einem Gute und vor dem Schmerz als einem Uebel flieht, da ein Solcher nothwendig oft in den Fall kommt, die Natur zu tadeln, als theile sie den Guten und den Schlechten ihre Gaben nicht nach Verdienst aus. Denn wie oft genießen böse Menschen Glück und Freude, und haben, was ihnen Freude schaffen kann, während die Guten dem Leid anheimfallen und dem, was Leiden schafft. Ferner wird, wer sich vor dem Schmerze fürchtet, auch nicht ohne Furcht in die Zukunft blicken können, was schon gottlos ist, während der, der nach Lust strebt, sich kaum des Unrechts wird enthalten können, was offenbar gottlos ist. Und jedenfalls muß doch wer in Uebereinstimmung mit der Natur leben und ihr folgen will, gleichgültig gegen das sein, wogegen sich die Natur gleichgültig verhält, das aber thut sie gegen Lust und Schmerz, gegen Tod und Leben, Ehre und Schande. Wer also alles dies nicht gleichgültig ansieht, ist offenbar gottlos.

2.

Besser wär's, wenn man die Welt verlassen könnte, ehe man all' die Lüge und Heuchelei, den Prunk und Stolz geschmeckt. Hat man nun aber diese Dinge einmal schmecken müssen, so ist's doch wohl der günstigere Fall, dann bald die Seele auszuhauchen, als mitten in dem Elend sitzen zu bleiben? Oder hat Dich die Erfahrung nicht gelehrt, die Pest zu fliehen? und welche Pest ist schlimmer, die Verdorbenheit der uns umgebenden Luft, die Pest, die nur die animalische Natur als solche trifft, oder die Verderbniß der Seele, die eigentliche Menschenpest?

3.

Denke nicht gering vom Sterben, sondern laß es Dir wohlgefallen wie eines der Dinge, in denen sich der Wille der Natur ausspricht. Denn von derselben Art wie das Kindsein und das Altsein, das Wachsen und Mannbar-werden oder das Zahnen und bärtig werden und graues Haar bekommen oder das Zeugen und Gebären und alle diese Thätigkeiten der Natur, wie sie die verschiedenen Zeiten des Lebens mit sich bringen, ist auch das Sterben. Daher ist es die Sache eines verständigen Menschen, weder mit Gleichgültigkeit noch mit heftiger Gemüthsbewegung noch in übermüthiger Weise an den Tod zu denken, sondern auf ihn zu blicken eben wie auf eine jener Naturfunktionen. Und wie Du des Augenblickes harrst, wo das Kindlein der Mutter Schooß verlassen haben wird, so erwarte auch die Stunde, da Deine Seele dieser Hülle entweichen wird. — Eindringlich ist auch jene gewöhnliche Regel, die man giebt, um Jemand zur Zufriedenheit mit dem Loose der Sterblichkeit zu stimmen: einmal, sieh Dir die Dinge genau an, von denen Du Dich trennen mußt, und dann in ethischer Beziehung, welch' ein Elend, womit Du einst nicht mehr verflochten sein wirst! Zwar ist es keineswegs nöthig, sich daran zu stoßen, Pflicht ist es vielmehr es zu lindern oder ruhig zu ertragen, allein man darf doch daran denken, daß es nicht eine Trennung gilt von gleichgesinnten Menschen. Denn dies wäre das Einzige, was uns rückwärts ziehen und an das Leben fesseln könnte, wenn es uns vergönnt wäre, mit Menschen zusammen

zu leben, die von denselben Grundsätzen und Ideen
beseelt sind wie wir. Nun aber weißt Du ja, welches
Leiden der Zwiespalt ist, der unter den Menschen herrscht,
und kannst nicht anders als den Tod ansehen, daß er
eilig kommen möge, damit Du nicht auch noch mit Dir
selbst in Zwiespalt gerathest.

4.

Wer unrecht handelt, schadet sich selbst.

5.

Oft thut auch der Unrecht, der Nichts thut, nicht blos,
der Etwas thut.

6.

Wenn Du gesundes Urtheil hast, und die Gewohnheit
für Andere zu handeln, und ein Gemüth, das mit den
äußeren Verhältnissen zufrieden ist, so hast Du genug.

7.

Wie es nur eine Erde giebt für alles Irdische, ein
Licht für Alles, was sehen, und eine Luft für Alles, was
athmen kann, so ist es auch nur ein Geist, der unter
sämmtliche Vernunftwesen vertheilt ist.

8.

Alle Dinge von derselben Art streben zu einander
als zu dem Gleichartigen hin. Alles, was von Erde
ist, gleitet zur Erde, alles Flüssige läuft zusammen,

und so auch das Luftige, so daß es der Gewalt bedarf, um solche Dinge aus einander zu halten. Das Feuer hat zwar seinen Zug nach Oben, vermöge des Elementarfeuers, aber auch da erfaßt es alles ihm Aehnliche und bringt die trockeneren Stoffe zum Brennen, eben weil diesen weniger von dem beigemischt ist, was dem Entflammen hinderlich. Ebenso nun und noch mehr strebt auch Alles, was der vernünftigen Natur angehört, zu einander hin. Denn je edler es ist als das Uebrige, um so bereiter ist es auch, sich dem Verwandten zu einen und mit ihm zusammenzugehen. Schon auf der Stufe der vernunftlosen Wesen finden sich Schaaren und Heerden, findet sich das Auffüttern der Jungen, eine Art von Liebe. Denn schon hier ist Seele und jener Gemeinschaftstrieb in höherer Weise, als er in der Pflanzenwelt und im Gestein sich findet. Bei den Vernunftbegabten nun kommt es zu Staaten, Freundschaften, Familien, Genossenschaften, und in den Kriegen selbst zu Bündnissen und Waffenstillständen. Und wenn wir zu den noch höheren Wesen fortschreiten, mögen sie auch um Unendlichkeiten aus einander sein: auch da ist Einheit, wie bei den Sternen; so daß, je höher wir kommen, desto entschiedener die Sympathie sich auch auf die Entferntesten erstreckt. Aber was geschieht? Die vernünftigen Wesen allein sind es, die dieses Zu-einander-strebens, dieses Zusammenhaltens nicht eingedenk bleiben, und hier allein vermag man jenes Zusammenfließen nicht wahrzunehmen! Und dennoch —: mögen sie sich immerhin fliehen, sie umschließen sich doch. Die Natur zwingt sie. Man sehe nur genau! Eher findest Du Irdenes, das an nichts Irdenem hängt, als einen Menschen vom Menschen abgelöst.

9.

Frucht bringen Mensch und Gott und Welt, ein Jegliches zu seiner Zeit, in anderer Weise freilich als der Weinstock und dergl. Auch die Vernunft hat ihre Frucht, von allgemeiner und von individueller Art. Und was aus ihr hervorgeht, ist eben immer wieder — Vernunft.

10.

Heut, sprichst Du, bin ich aller meiner Plage entronnen. Sag lieber: heut hab' ich all' meine Plage abgeworfen. Denn in Dir, in Deiner Vorstellung war sie, nicht außer Dir.

11.

Gut und Böse, Tugend und Laster ruhen bei vernunftbegabten Wesen nicht auf einem Zustande, sondern auf einer Thätigkeit.

12.

Das Aufhören der Thätigkeit, Stillstehen der Triebe und der Vorstellungen — der Tod — ist kein Uebel. Denn wie ist es mit den verschiedenen Stufen des Lebens, mit der Kindheit, der Jugend, dem Mannes- und Greisenalter? ist nicht ihr Wechsel — Tod? und ist das etwas Schlimmes? Nicht anders der Wechsel der Zeiten. Die Zeiten der Vorväter hören auf mit dem Zeitalter der Väter u. s. f. Ist bei allen diesen Veränderungen etwas Schlimmes? So denn auch nicht, wenn Dein Leben wechselt, still steht und aufhört.

13.

So wie Deine ganze Persönlichkeit der integrirende Theil eines politischen Organismus ist, so soll auch jede Deiner Handlungen das gemeinschaftliche Handeln dieses Organismus ergänzen. Thut sie dies nicht, ist sie mehr oder weniger dieser Tendenz fern, so zerstückelt sie Dein Leben, hindert seine Harmonie, ist aufrührerisch wie ein Mensch, der im Volke seine Partei dem Zusammenwirken mit den andern entfremdet.

14.

Du hast unendlich gelitten lediglich deshalb, weil Deine Seele sich nicht begnügte zu thun, wozu sie gemacht ist.

15.

Wenn Jemand Dich tadelt oder haßt oder Schlechtes von Dir redet, so gehe heran an seine Seele, bringe ein, und siehe, was es eigentlich für ein Mensch sei. Du wirst finden, daß Du Dich nicht zu beunruhigen brauchst, was er auch von Dir denken mag. Du mußt ihm jedenfalls wohlgesinnt bleiben, da er von Natur Dein Freund ist, und da ihm sicherlich auch die Götter helfen, wie Dir, in all' den Dingen, um die sie Sorge tragen.

16.

Alles in der Welt dreht sich im Kreise, von Oben nach Unten, von Ewigkeit zu Ewigkeit. Und doch auch in jedes Einzelwesen bringt die Seele des Alls. Ist dies, so nimm, was sie hervortreibt, mag sie nun einmal nur sich schöpferisch bewiesen haben, so daß nun Eins aus dem Andern mit Nothwendigkeit folgt und Alles eigentlich nur Eines ist, oder mag Alles atomengleich entstehen und bestehen. Gleichviel. Denn giebt es einen Gott, so steht Alles gut; ist aber Alles nur von Ungefähr, darfst Du doch nicht von Ungefähr sein!

17.

Einem reißenden Strome gleicht die Welt: Alles führt sie dahin. Wie nichtig die Thaten des Menschen, die er politisch oder philosophisch nennt, wie eitel Schaum! Aber was nun, lieber Mensch? Thue, was die Natur gerade jetzt von Dir fordert. Strebe, wenn Dir ein Gegenstand des Strebens gegeben wird, und blicke nicht um Dich, ob's Einer sieht. Auch bilde Dir den Platonischen Staat nicht ein, sondern sei zufrieden, wenn es nur ein klein Wenig vorwärts geht und halte solchen kleinen Fortschritt nicht gering. Denn wer wird ihre Gesinnung ändern? Ohne eine solche Aenderung der Gesinnung aber, was würde Anderes daraus entstehen, als ein Knechtsdienst unter Seufzen, ein Gehorsam Solcher, die sich stellen, als wären sie überzeugt. Die Alexander, Philippus, Demetrius Phalereus mögen zusehen, ob sie erkannt, was die Natur will, und ob sie sich selbst in Zucht gehalten haben. Waren es aber Schauspieler, wird mich doch Niemand dazu verdammen, sie nachzuahmen. Einfalt und Würde kennzeichnen das Geschäft der Philosophie. Verführe Du mich nicht zur Aufgeblasenheit!

18.

Ein unerschütterliches Herz den Dingen gegenüber, die von Außen kommen, ein rechtschaffenes in denen, die von Dir abhängen!

19.

Wie ihr Inneres beschaffen, welche Interessen sie verfolgen, um welcher Dinge willen sie Lieb' und Achtung zollen, das suche zu erforschen, mit einem Wort: die nackten Seelen! — Wenn man glaubt durch Tadel Schaden und durch Lob Nutzen zu stiften, welch' ein Glaube!

20.

Verlust ist nichts Anderes als Veränderung, die die Natur so liebt, wie wir wissen, — sie, die doch Alles richtig macht. Oder wolltest Du sagen, Alles, was geschehen sei oder geschehen werde, sei schlecht? Aber sollte sich dann unter so vielen Göttern nicht wenigstens eine Macht finden, die es wieder zurecht brächte? und die Welt sollte verdammt sein, in den Banden unaufhörlicher Uebel zu liegen?

21.

Entweder die Götter vermögen Nichts, oder sie haben Macht. Können sie Nichts, was betest Du? Haben sie aber Macht, warum bittest Du sie nicht lieber darum, daß sie Dir geben, Nichts zu fürchten, Nichts zu begehren, Dich über Nichts zu betrüben, als darum, daß sie Dich vor solchen Dingen, die Du fürchtest, bewahren oder solche, die Du möchtest, Dir gewähren? Denn wenn sie den Menschen überhaupt helfen können, so können sie ihnen doch auch dazu verhelfen. Aber vielleicht entgegnest Du, das hätten die Götter in Deine Macht gestellt. Nun, ist es denn da nicht besser, was in unserer Macht steht, mit Freiheit zu gebrauchen, als mit knechtischem gemeinem Sinn dahin zu langen, was nicht nicht in unserer Macht steht? Wer aber hat Dir gesagt, daß die Götter uns in den Dingen, die in unserer Hand liegen, nicht beistehen? Fange nur an, um solche Dinge zu bitten, dann wirst Du ja sehen! Der bittet, wie er möchte frei werden von einer Last; Du bitte, wie Du's nicht nöthig haben möchtest, davon befreit zu werden. Jener, daß ihm sein Kind erhalten werden möge; Du, daß Du nicht fürchten mögest, es zu verlieren u. s. f. Mit einem Wort, gieb allen Deinen Gebeten eine solche Richtung, und siehe, was geschehen wird.

22.

Epikur erzählt: in meinen Krankheiten erinnere ich mich nie eines Gesprächs über die Leiden des Menschen; nie sprach ich mit denen, die mich besuchten, über dieses Thema. Sondern ich arbeitete weiter, über naturhistorische Gegenstände im Allgemeinen und besonders darüber nachdenkend, wie die Seele, trotzdem, daß sie an den Bewegungen im Körper Theil hat, ruhig bleiben und das ihr eigenthümliche Gut bewahren möge. Auch gab ich den Aerzten niemals Gelegenheit, sich meinetwegen zu rühmen, als hätten sie Etwas ausgerichtet, sondern lebte nachher nicht angenehmer und besser wie vorher. So halte es auch Du, in Krankheiten nicht blos, sondern in jeder Widerwärtigkeit. Den Grundsatz haben alle Philosophenschulen, gerade unter mißlichen Verhältnissen der Philosophie sich treu zu zeigen, mit Leuten, die dem wissenschaftlichen Denken fern stehen, lieber nicht zu schwatzen, und seine Gedanken lediglich auf das jedes Mal zu Thuende und auf die Mittel zur Ausführung dessen, was uns obliegt, zu richten.

23.

So oft Dir Jemand mit seiner Unverschämtheit zu nahe tritt, lege Dir die Frage vor, ob es nicht Unverschämte in der Welt geben müsse? Denn das Unmögliche wirst Du doch nicht verlangen. Und dieses ist nun eben einer von den Unverschämten, die in der Welt existiren müssen. Dasselbe gilt von den Schlauköpfen, von den Treulosen, von jedem Lasterhaften. Und sobald Dir dieser Gedanke geläufig wird, daß es unmöglich ist, daß solche Leute nicht existiren, siehst Du Dich auch sofort freundlicher gegen sie gestimmt. Ebenso frommt es, daran zu denken, welche Tugend die Natur jeder dieser bösen Richtungen gegenüber dem Menschen verliehen hat. So gab sie z. B. der Lieblosigkeit gegenüber, gleichsam als Gegengift die Sanftmuth. Ueberhaupt aber steht Dir frei, den Irrenden eines Besseren zu überführen. Und ein Irrender ist jeder Böse: er führt sich durch sein Unrecht selbst vom vorgesteckten Ziele ab. Was aber schadet Dir's? Kann er Etwas wider Deine Seele? — Und was ist denn Uebles oder Fremdartiges dran, wenn ein zuchtloser Mensch thut, was eben eines solchen

Menschen ist? Eher hättest Du Dir selbst darüber Vorwürfe zu machen, daß Du nicht erwartet hast, er werde Solches thun. Deine Vernunft giebt Dir doch Anlaß genug zu dem Gedanken, daß es wahrscheinlich sei, er werde sich auf diese Weise vergehen, und nun, weil Du nicht hörst auf das, was sie Dir sagt, wunderst Du Dich, daß er sich vergangen hat! Jedesmal also, wenn Du Jemand der Treulosigkeit oder der Undankbarkeit beschuldigst, richte den Blick in Dein eigenes Innere. Denn offenbar ist es doch Dein Fehler, wenn Du einem Menschen von solchem Charakter Dein Vertrauen schenktest oder wenn Du ihm eine Wohlthat erwiesest mit allerlei Nebenabsichten und ohne den Lohn Deiner Handlungslungsweise nur in ihr selbst zu suchen. Was willst Du denn noch weiter, wenn Du einem Menschen wohlgethan? Ist's nicht genug, daß Du Deiner Natur entsprechend gehandelt? strebst Du nach einer besonderen Belohnung? Als ob das Auge Bezahlung forderte dafür, daß es sieht, und die Füße dafür, daß sie schreiten! Und wie Aug' und Fuß dazu geschaffen sind, daß sie das Ihrige haben in der Erfüllung ihrer natürlichen Functionen, so hat auch der Mensch, zum Wohlthun geschaffen, so oft er ein gutes Werk gethan und Anderen irgendwie äußerlich beistand, eben nur gethan, wozu er bestimmt ist, und hat darin das Seinige.

———

Zehntes Buch.

1.

Wirst Du denn, liebe Seele, wohl einmal gut und lauter und einig mit Dir selbst und ohne fremde Umhüllung und durchsichtiger sein, als der Dich umgebende Leib? Theilhaftig werden eines liebenswürdigen und liebenden Charakters? Wirst Du einmal befriedigt und bedürfnißlos sein, nach Nichts Dich sehnend, Nichts begehrend, weder Geistiges noch Ungeistiges, um daran eben nur Genuß zu haben? weder Mehr an Zeit, noch Mehr an Raum oder Gelegenheit, um den Genuß weiter auszudehnen? weder eine günstigere Temperatur der Luft, noch eine ansprechendere in Deiner menschlichen Umgebung? vielmehr zufrieden sein mit eben der Lage, in der Du Dich befindest, Dich überhaupt des Vorhandenen erfreuen und Dich überzeugen, daß Dir Alles zu Gebote steht, daß sich Alles wohl verhält, und daß es von den Göttern kommt, sich also wohlverhalten muß, sofern es ihnen selbst wohlgefällig ist und sofern sie's ja nur geben mit Rücksicht auf die Seligkeit des vollkommensten Wesens, des guten und gerechten und schönen, jenes Wesens, das alles Dasjenige erzeugt und zusammenhält und umgiebt und in sich faßt, was, wenn es sich auflöst, der Grund zur Entstehung eines Anderen von ähnlicher Beschaffenheit wird? Wirst Du mit einem Worte wohl einmal eine solche sein, die mit Göttern und Menschen so verkehrt, daß Du weder an ihnen Etwas auszusetzen hast, noch daß sie Dich beschuldigen können? —

2.

Nachdem Du erforscht, was Deine Natur fordert, was rein nur ihrem Gebot entspricht, so führe dasselbe nun auch aus oder laß es zu, sofern dadurch das Animalische an Dir nicht schlechter wird. Dann frage Dich, was eben dieser Seite Deines Wesens entspricht und vergönne es Dir, sofern dadurch das Vernünftige an Dir nicht leidet — das Vernünftige, das immer zugleich auch ein Geselliges ist. Und wenn Du diesen Grundsätzen folgst, bedarf es keines anderen Bestrebens.

3.

Wenn Dir begegnet, was zu ertragen nicht Deine Bestimmung ist — sei auch darüber nicht unwillig. Was Dich zu Grunde richtet, wird auch zu Grunde gehen. Jedoch vergiß auch nicht, daß Du bestimmt bist, Alles zu ertragen, was erträglich und leidlich zu machen Deine Vorstellung die Macht hat, durch den Gedanken nämlich, daß es Dir heilsam oder daß es Deine Pflicht sei.

4.

Alles, was Dir geschieht, ist Dir von Ewigkeit her voraus bestimmt. Jener große Zusammenhang von Ursache und Wirkung hat Beides, Dein Dasein und dieses Dein Geschick, von Ewigkeit auf's Innigste verwoben.

5.

Sämmtliche Wesen haben das mit einander gemein, daß sie von keinem ihnen äußerlichen Umstande gezwungen

werden können, Etwas hervorzubringen, was ihnen selbst
schädlich wäre. Und dasselbe gilt natürlich auch von der
ganzen Welt. Was aber dem Ganzen nützt, kann dem
Theile nicht schädlich sein d. h. ich darf nicht klagen über
das, was von dem All mir zugetheilt wird.

6.

Lächerlich ist es zu sagen: ja, alles Natürliche ist
bestimmt sich zu verändern, und dann, wenn irgend wo
eine solche Veränderung vor sich geht, sich darüber zu
verwundern oder zu betrüben.

7.

Hast Du die Namen: gut, ehrfürchtig, wahrhaft, verständig, gleichmüthig, hochsinnig Dir beigelegt, so sorge
dafür, daß Du sie nie verlierst oder immer bald wieder
erwirbst. Aber bedenke auch, was sie besagen! Verstand
— ein sorgsam erworbenes, gründliches Wissen um Ein-
zelnes; Gleichmuth — ein bereitwilliges Aufnehmen des
von der Natur uns Zuerkannten; Hochsinn — ein Er-
habensein des Geistes über jede leise oder laute Regung
im Fleisch, über das, was man Ehre nennt, auch über
den Tod und alles dieses. Vermagst Du nun, Dich diesen
Namen zu erhalten, ohne doch gerade danach zu streben,
daß Andere Dich bei ihnen nennen, so wirst Du ein
anderer Mensch sein und ein anderes Leben anfangen.
Bleibst Du aber noch ferner, wie Du bisher warst, fährst
fort in einer Lebensweise, die Dich befleckt und aufreibt,
so bist Du ein gewissenloser Mensch, ein Mensch, der

eben Nichts als leben will, und gleichst jenen Halb=
menschen, die man mit wilden Thieren kämpfen läßt,
die nämlich, wenn sie mit Wunden bedeckt und mit Blut
besudelt sind, inständigst bitten, man möchte sie doch bis
auf den folgenden Tag aufheben, um — wieder vor=
geworfen zu werden denselben Krallen und denselben
Zähnen. Also tauche Dein Wesen in jene wenigen
Namen. Und wenn Du es nur irgend ermöglichen kannst,
halte bei ihnen aus, wie Einer, der auf den Inseln der
Seligen gelandet. Merkst Du aber, daß man Dich her=
austreiben will und daß Du nicht obsiegen wirst, so ziehe
Dich eilig in einen Winkel zurück, wo Du Dich wahren
kannst; oder — verlasse das Leben! — Um jener Namen
eingedenk zu bleiben, ist es kein schlechtes Hilfsmittel,
sich die Götter vorzuhalten, die nicht sowohl begehren,
daß man sie schmeichelnd verehre, als daß alle vernunft=
begabten Wesen ihnen ähnlich werden, und daß der
Mensch thue, was des Menschen ist.

8.

Hast Du jene hohen und heiligen Ideen Dir ohne
selbstständiges Forschen eben nur eingebildet, so werden
sie Dir auch wieder abhanden kommen, so können Nach=
ahmung, Anfeindung, Furcht, Schrecken, Knechtschaft
sie Dir täglich entreißen. Es gilt aber sich eine solche
Anschauungs= und Lebensweise anzueignen, daß man
das Vorliegende sofort abzuthun jederzeit bereit ist und
doch dabei weder die intellektuelle Ausbildung außer
Acht läßt, noch das Vertrauen verleugnet, womit uns

jede tiefere Erkenntniß der Dinge erfüllt, das zwar an sich ein innerliches ist, doch aber nicht verborgen bleiben kann.

9.

Was für ein Bedenken hält Dich ab, vor Allem zu sehen, was der Augenblick zu thun gebietet? Freilich mußt Du's völlig erwogen haben, ehe Du getrost und unbeirrt daran gehen kannst. Ist Dir also noch irgend Etwas daran unklar, so halte an und ziehe die Besten zu Rathe. Sonst aber, tritt auch ein Hinderniß Dir in den Weg, schreite nur besonnen vorwärts, den einmal empfundenen Antrieben folgend und treu Dich haltend an Das, was Dir als das Rechte erschienen ist. Denn dies zu verfolgen bleibt immer das Beste. Ihm untreu werden heißt von seiner eigenen Natur abfallen. Darum sage ich, daß wer in allen Stücken der Vernunft gehorcht, ruhig und leicht bewegt, heiter und ernst zugleich zu sein vermag.

10.

Frage Dich, sobald Du des Morgens aufgestanden bist: geht es Dich Etwas an, ob ein Anderer das Gute und Rechte thut? Nichts geht's Dich an. Hast Du vergessen, was das für Leute sind, die ewig nur zu loben oder zu tadeln wissen? wie sie's treiben auf ihrem Lager, bei Tafel, überall, was es für Diebe und Räuber sind, nicht äußerlich mit Händen und Füßen, sondern innerlich an dem kostbarsten Theile ihres Wesens, mit dem sie sich doch, wenn sie wollten, Glauben, Ehrfurcht, Wahrheit, Sitte, den guten Genius zu eigen machen könnten.

11.

Der wohlgesittete und ehrfurchtsvolle Mensch sagt zur Natur, der Alles spendenden und wieder nehmenden: gieb, was Du willst, und nimm, was Du willst. Er spricht's nicht etwa zu besonderem Muth sich aufraffend, sondern aus reiner Folgsamkeit und Liebe.

12.

Du hast nur noch Wenig zu leben. Lebe wie auf einem Berge! Gleichviel wo in der Welt Du lebst, denn die Welt ist ein Menschenverein. Und die Menschen sollen eben den wahren Menschen, den der Natur gemäß lebenden schauen und beschauen. Mögen sie ihn immerhin aus dem Wege räumen, wenn sie ihn nicht vertragen können.

13.

Nun gilt es nicht mehr zu untersuchen, was ein tüchtiger Mensch sei, sondern einer zu sein.

14.

Der Gedanke an die Ewigkeit und an das Weltall sei Dir stets nahe: verglichen mit dem All wird Dir dann Alles als ein Körnlein und mit der Ewigkeit verglichen wie ein Handumdrehen erscheinen.

15.

Was sind denn die Esser und Trinker und Schläfer und Erzeuger und was sie sonst machen? was sind sie, die sich aufblähen und so hoch drein schauen, die so zornig sind und so von Oben her aburtheilen? Vor Kurzem — wem haben sie gedient und um welchen Preis? Und wieder eine kleine Weile — wo sind sie dann?

16.

Nicht blos, was die Natur dem Menschen schickt, ist ihm zuträglich, sondern es ist ihm auch gerade dann von Nutzen, wann sie's schickt.

17.

Der Regen — ein Liebling der Erde; doch auch des blauen Himmels Liebling. Das Universum liebt zu thun (sagt man nicht: „liebt, zu thun?") Alles, was eben geschehen soll. Ich also sage zu ihm: Deine Liebe ist auch meine.

18.

Entweder Du lebst hier, wie Du gewohnt bist, oder Du kommst anderswohin, wie Du am Ende auch gewollt, oder Du stirbst und hast ausgedient. Das ist Alles. Drum sei guten Muths!

19.

Vergiß nicht, daß Du da, wo Du lebst, ganz dasselbe hast, was Du im Gebirge oder an der See oder sonstwo, wohin Du Dich sehnst, haben würdest. Dem Hirten, sagt Plato, der so bei seiner Hürde auf dem Berge weidet, ist's nicht anders zu Muthe, wie dem, den eine Stadtmauer umgiebt.

20.

Wer seinem Herrn entläuft, ist ein Ausreißer. Der Herr ist das Gesetz; wer also der Befolgung des Gesetzes sich entzieht, ist ein Ausreißer. Nicht minder aber verdient diesen schimpflichen Namen auch der, der sich erzürnt oder betrübt oder fürchtet. Denn er will nicht, daß geschehen wäre oder geschehe oder geschehen solle, was der Alles Verwaltende, der Allen Gesetz ist, bestimmt.

21.

Ein Mensch, der seinem Unwillen über irgend Etwas Luft macht und sich beklagt, unterscheidet sich im Grunde genommen gar nicht von — einem Stück Vieh, das beim Schlachten mit allen Vieren um sich stößt und dazu schreit. Und anders ist auch nicht einmal der, der auf seinem Lager hingestreckt stillschweigend seufzt, wenn man ihm den Verband anlegt. Denn dem vernunftbegabten Wesen ist es doch gegeben — und das ist seine Auszeichnung, bereitwillig zu folgen dem, was ihm geschieht. Zu folgen wenigstens ist nothwendig für Alle.

22.

Bei jeglichem Dinge, womit Du beschäftigt bist, frage Dich, ob der Tod darum, weil er Dich seiner beraubt, etwas so Schreckliches ist.

23.

So oft Du unter dem Fehler eines Andern zu leiden hast, frage Dich, ob Du nicht auch in ähnlicher Weise gefehlt, ob Du z. B. nicht auch schon das Geld, das Vergnügen, den Ruhm und Aehnliches für ein Gut gehalten hast. Dann wirst Du Deinen Zorn bald lassen, zumal wenn Dir dazu noch einfällt, daß er gezwungen war. Denn was kann er thun? Aber wenn es möglich wäre, befreie ihn von jenem Zwange!

24.

Warum genügt es Dir nicht, diese kurze Spanne Zeit mit Anstand hinter Dich zu bringen? Was für schwierige Dinge und Aufgaben sind es denn, denen Du aus dem Wege gehen möchtest? Aber was ist denn dies Alles anders als Exercitien für den Geist, daß er die Dinge des Lebens immer tiefer und wahrer erschauen lerne? Also verweile nur bei jeglichem Gegenstande so lange, bis Du ihn Dir völlig zu eigen gemacht hast, wie ein starker Magen sich Alles zu eigen macht, oder wie ein helles Feuer, was Du hineinwerfen magst, in Glanz und Flamme verwandelt.

25.

Ruhe nicht eher, als bis Du es so weit gebracht hast, daß ein der menschlichen Bestimmung entsprechendes Handeln in jedem einzelnen Falle Dir ganz dasselbe ist, was ein Leben in Herrlichkeit und Freude für die Genußsüchtigen. Denn eben als einen Genuß mußt Du es auffassen, wenn Dir vergönnt ist, Deiner Natur gemäß zu leben. Und dies ist Dir immer vergönnt. Nicht so den Dingen der unbeseelten Natur: der Walze ist es oft verwehrt sich in der ihr natürlichen Weise zu bewegen und ebenso dem Wasser und dem Feuer u. s. f. Denn hier sind mannigfache Hindernisse. Geist aber und Vernunft vermögen Kraft ihrer natürlichen Beschaffenheit und in Kraft ihres Willens alle Hindernisse zu überwinden. Drum gilt es Nichts so lebendig vor Augen zu haben, als diese Leichtigkeit, mit der die Vernunft sich durchzusetzen vermag, mit der sie sich, wie das Feuer nach Oben, der Stein nach Unten, der Cylinder um seine Achse, durch Alles hindurch bewegt. Was es auch für sie an Hindernissen giebt, das gehört entweder dem todten Leibe an, oder es kann sie, ohne Beihilfe des Gedankens und wenn sie nicht selbst die Erlaubniß dazu giebt, nicht verwunden, ihr überhaupt nichts Böses thun. Sonst müßte sie ja dadurch nothwendig schlechter werden, wie man dies bei anderen Schöpfungen sieht, daß, wenn ihnen etwas Uebles widerfährt, sie wirklich darunter leiden, d. h. dadurch schlechter werden. Beim Menschen aber muß man vielmehr sagen, wenn er den Hemmungen, auf die er stößt, richtig begegnet, wird er besser dadurch und preiswürdiger. —

26.

Für den, den wahre Philosophie erfüllt, ist die Erinnerung an jene Verse:

„Blätter verweht zur Erde der Wind nun, andere treibt dann
Wieder der knospende Wald, wenn neu auflebet der Frühling. —
So der Menschen Geschlecht." —

hinreichend, um Traurigkeit und Furcht ihm zu verscheuchen. Blätter sind auch Deine Kindlein. Blätter Alles, was so laut schreit, um sich Glauben zu verschaffen, was so hohes Lob zu spenden oder so zu verfluchen oder nur so in's Geheim zu tadeln oder zu spotten liebt; Blätter auch, die Deinen Ruhm verkünden sollen. Denn um die Frühlingszeit keimt Alles hervor. Dann kommt der Herbstwind und wirft wieder Alles zu Boden, damit Anderes an seine Stelle trete. Das Momentane ist der Charakter aller Dinge. Du aber fliehst und verfolgst Alles, als sollte es ewig dauern.

27.

Ein gesundes Auge muß jeden Anblick ertragen können und darf nicht immer blos Grünes sehen wollen. Ein gesundes Ohr, eine gesunde Nase ist auf jeden Schall und jeden Geruch gefaßt. Ein gesunder Magen verhält sich gegen jede Speise gleich, wie die Mühle eben Alles mahlt, was zu mahlen geht. Ebenso nun muß auch eine gesunde Seele auf jedes Schicksal gefaßt sein. Die aber spricht: meine Kinder müssen am Leben bleiben, oder: die Leute müssen stets billigen, was ich thue, die gleicht dem Auge, welches das Grüne, oder den Zähnen, die nur Weiches haben wollen.

28.

Niemand ist so glücklich, daß nicht einst an seinem Sterbelager Einige stehen sollten, die diesen Fall willkommen heißen. Ist's auch ein trefflicher und weiser

Mensch, so findet sich am Ende doch immer Jemand, der aufathmend von ihm sagt: nun werde ich von diesem Zuchtmeister erlöst; er war zwar Keinem von uns lästig, aber ich hatte immer das Gefühl, als verdamme er uns stillschweigend Alle miteinander. Und das ist beim Tode eines Trefflichen! Wie Vieles mag unser Einer also an sich haben, um deswillen so Mancher wünscht, von uns befreit zu werden. Daran denke in Deiner Sterbestunde! Denke, Du sollst eine Welt verlassen, aus der Dich Deine Genossen, aus der Dich die, für welche Du so Vieles ausgestanden, so Viel gebetet und gesorgt hast, nun hinwegwünschen, indem sie aus Deinem Scheiden so manche Hoffnung schöpfen. Was könnte Dich also noch länger hier festhalten! Und doch darfst Du deshalb mit nicht geringerem Wohlwollen von ihnen scheiden, sondern mußt um Deiner selbst willen ihnen Freund bleiben und freundlich, sanft von ihnen Abschied nehmen, ebenso sanft, wie sich die Seele dessen vom Körper trennt, dem ein seliges Sterben beschieden ist. Denn die Natur hatte Dich auch so mit Deinen Freunden verbunden. Und wenn sie Dich jetzt von ihnen ablöst, so geschieht dies eben als von Deinen Freunden, und nicht so, daß Du von ihnen fortgerissen würdest, sondern sanft von ihnen scheidest. Es ist dies wenigstens auch eine von den Forderungen der Natur.

29.

Bei Allem, was von Anderen geschieht, suche herauszubringen, welchen Zweck sie verfolgen. Aber fange damit bei Dir selbst an, erforsche zuerst immer Dich selbst!

30.

Das, was Dich bewegt, was Dich mit unsichtbaren Fäden hierhin und dorthin zieht, das ist in Deinem Innern. Hier schlummert das beredte Wort, hier wurzelt das Leben, hier ist der eigentliche Mensch. Nie schreibe diese Bedeutung dem Gefäße zu, das dieses Dein Inneres umgiebt, oder den Organen, die ihm angebildet sind. Ohne die sie bewegende Kraft sind sie nicht mehr, als ein Weberschiff ohne Weber, eine Feder ohne Schreiber, eine Peitsche ohne Wagenlenker.

Gilftes Buch.

1.

Wir betrachten noch einmal die Eigenthümlichkeit der vernünftigen Seele. Also: sie sieht sich selbst, sie setzt sich selbst auseinander, die Frucht, die sie hervorbringt, erntet sie auch selbst (nicht wie bei den Früchten, die die Pflanzen- oder Thiernatur hervorbringen, welche Andere ernten). Ferner, sie erreicht ihr Ziel, wann immer das Leben zu Ende sein mag; anders als bei den Tanzstücken, und bei jedem Schauspiel, wo die ganze Handlung zum bloßen Stückwerk wird, wenn Etwas dazwischen kommt. Denn sie führt, was sie sich vorgesetzt, vollständig und makellos zu Ende, an welchem Theile der Handlung und wo überhaupt sie auch betroffen werden mag, so daß sie sagen kann: „ich habe das Meinige beisammen." Und dann nun, sie umfaßt die ganze Welt sammt dem sie umgebenden Raume, und vermag sich ein Bild von ihr zu machen; sie bringt in die Unendlichkeit der Zeit, nimmt wahr die periodisch stattfindende Wiedergeburt aller Dinge, betrachtet sie und erkennt, daß die nach uns kommen nichts Anderes sehen werden, so wie auch unsere Vorfahren nichts Anderes sahen, sondern daß der, der etwa vierzig Jahre alt geworden, wofern er nur Geist hat, Alles was gewesen und was sein wird, gesehen hat. Endlich ist es der vernünftigen Seele auch eigen, den Nächsten zu lieben, wahr zu sein, Ehrfurcht zu haben und Nichts höher zu achten als sich selbst. Und in dem Allen stimmt sie mit den Forderungen des allgemeinen Weltgesetzes überein, so daß zwischen der gesunden Vernunft und dem Wesen der Gerechtigkeit kein Unterschied ist.

2.

Ein schöner Gesang, ein schöner Tanz, ein schönes Spiel ist nur so lange schön, so lange man das Ganze anschaut. Zerlegt man aber jenen in seine einzelnen Töne, diese in ihre einzelnen Bewegungen, und hält dieselben für sich fest, so verlieren sie ihren Reiz. Nur die Tugend und was von ihr ausgeht, ist und bleibt immer schön. Daher übe nur bei allem Andern jene Zergliederung, auch bei der Anschauung des Lebens.

3.

Wenn ist die Seele wahrhaft bereit, sich von dem Leibe zu trennen und so entweder zu verlöschen oder zu zerstieben, oder mit ihm fortzudauern? Wenn diese Bereitheit aus dem eigenen Urtheil hervorgeht; wenn es nicht blos aus Hartnäckigkeit geschieht, wie bei den Christen, sondern mit Ueberlegung und Würde und ohne Declamation, so daß auch Andere dem Eindrucke sich nicht entziehen können.

4.

Haft Du Etwas gethan zum Wohle Anderer? Dann haft Du auch Dein eigenes gefördert. Das kann man gar nicht oft genug sich selber sagen.

5.

Zuerst entstanden die Tragödien, die uns erinnern, daß Alles, was geschieht, gerade so geschehen müsse. Und dann wollen wir doch, was uns auf der Bühne ergötzt, uns nicht zum Anstoß gereichen lassen, wenn's auf der größeren Bühne uns entgegentritt. Auf die Tragödie folgte die alte Komödie. Ihre Freimüthigkeit war pädagogisch. Wir wurden durch ihr offenherziges Wesen gemahnt, Prunk und Stolz hinauszuthun. Daher sogar ein Diogenes nicht selten aus ihr citirte. Dann kam die Komödie der mittleren Zeit und dann die neueste. Sie artete bald in ein künstliches Wesen der Nachahmung aus. Und wenn wir auch nicht verkennen, daß sie so manches Treffliche enthält, so frage ich doch: welchen Zweck denn eigentlich diese ganze dramatische Poesie verfolge?

6.

Wie weit bist Du in der Erkenntniß, daß keine andere Lebensweise zum Philosophiren so geeignet sei, als die, die Du jetzt grade führst?

7.

Ein Zweig, von seinem Nachbarzweige losgehauen, ist damit nothwendig zugleich auch vom ganzen Baume abgehauen. So auch der Mensch: hat er sich nur mit einem Einzigen zerspalten, so ist er von der ganzen menschlichen Gesellschaft abgefallen. Den Zweig nun haut ein Anderer ab, der Mensch aber trennt durch seinen Haß und seine Feindschaft sich selbst von seinem Nächsten, freilich, ohne es zu wissen, daß er sich damit auch vom Ganzen losgerissen. Doch ist es ein Geschenk des Gottes, der die menschliche Gesellschaft gründete, daß es uns frei steht, mit dem, woran wir früher hielten, wiederum zusammenzuwachsen und so zur Vollendung des Ganzen wieder beizutragen, nur daß, je öfter eine solche Lostrennung geschieht, die Einigung und Wiederherstellung desto schwieriger wird, und daß ein Zweig, der von Anfang an im Zusammenhange mit dem Stamme war und blieb, mit ihm verwachsen stets dasselbe ein- und aushauchend, doch ein ganz ander Ding ist, als der Zweig, der erst getrennt, dann wieder eingepfropft worden. Denn was auch die Gärtner sagen mögen: er wächst wohl an, doch nicht zu jener vollen Lebenseinheit.

8.

Wer Dich auch hindern möchte in der Befolgung rein vernünftiger Maximen —, wie es ihm nicht gelingen soll, Dich Deiner gesunden Praxis wirklich abwendig zu machen, so soll er noch viel weniger Deinem Herzen die freundliche Gesinnung gegen ihn entreißen. Verräth es doch dieselbe Schwäche, wenn man solchen Leuten gram wird, wie wenn man seinem Vorsatz untreu wird, sich niederschlagen läßt und vom Platze weicht. Den Deserteuren gleichen beide, der sowohl, der aus Furcht zurücktritt, wie der mit seinem natürlichen Freund und Bruder verfeindet ist.

9.

Kein Naturprodukt steht einem Erzeugnisse der Kunst nach, denn die Künste sind Nachahmer der Natur. Darum dürfte denn wohl dem vollkommensten und umfassendsten Naturwesen die künstlerische Geschicklichkeit nicht fehlen. Und wie die Künste das Geringere nur leisten um des Besseren willen — darin dem Universum selber ähnlich —: so auch der Mensch, wofern Gerechtigkeit entstehen soll, aus der dann weiter alle übrigen Tugenden sich entwickeln. Denn wollten wir uns nur mit sittlich indifferenten Dingen zu thun machen, wollten wir leichtgläubig, voreilig, wetterwendisch sein, so stände es schlecht um die Gerechtigkeit.

10.

Nicht kommen die Dinge, die Du mit Leidenschaft suchst oder fliehst, zu Dir, nicht sie drängen sich Dir auf, sondern Du drängst Dich ihnen auf. Kannst Du das Nachdenken über sie nur lassen, so bleiben sie auch ruhig wo sie sind, und man wird Dich alsdann nicht ihnen nachlaufen oder auf der Flucht vor ihnen sehen.

11.

Die Seele gleicht einer vollkommenen Kugel, insofern sie sich weder nach Etwas hin dehnt, noch nach Innen einläuft, weder zerstreut wird, noch zusammenschmilzt, und wird von einem Licht erleuchtet, bei dem sie die allgemeine Wahrheit und die eigene erkennen kann.

12.

Wenn ich bereit bin, einem Irrenden das Rechte zu zeigen, so soll ich das nicht etwa thun aus Begierde, ihn bloszustellen, auch nicht, um mit meiner Langmuth zu prahlen, sondern in Liebe und Aufrichtigkeit, wie die Geschichte von Phocion erzählt, wofern dieser Mann nicht etwa wieder mit seiner Aufrichtigkeit geprahlt hat. Es muß ein innerliches Thun sein, die Götter müssen einen Menschen sehen, der Nichts mit Aerger aufnimmt, niemals sich beklagt.

13.

Die einander verachten, das sind gerade die, die einander zu gefallen streben; und die sich unter einander hervorthun wollen, gerade die, die sich vor einander bücken.

14.

Wie zweideutig und schmutzig ist Jeder, der zu einem Andern sagt: sprich, meine ich's nicht wirklich gut zu Dir? So Etwas zu sagen! Es muß von selber klar werden. Auf Deiner Stirn muß es geschrieben stehen: so ist's; aus den Augen muß es hervorleuchten, wie des Liebenden Blick die Liebe gleich verräth. Eine studirte

Aufrichtigkeit ist wie ein Dolch. Nichts häßlicher als
Wolfsfreundschaft.

15.

Wahrhaft gut zu leben — das ist eine Kraft und
Fertigkeit der Seele; und sie wohnt ihr bei, wenn sie
gegen das, was gleichgültig ist, sich wirklich auch gleich=
gültig verhält. Diese Gleichgültigkeit aber beruht wieder
darauf, daß man die Dinge sich genau und von allen
Seiten ansieht. Denn wir sind es selbst, die ihnen die
uns ängstigende Bedeutung unterlegen und sie uns so
ausmalen, während es doch in unserer Macht steht, sie
nicht so auszumalen, oder wenn sich ein solches Bild
einmal unvermerkt in unsere Seele geschlichen hat, es
sofort wieder auszulöschen. Auch braucht es solcher
Vorsicht ja nur kurze Zeit: das Leben geht zu Ende! —

16.

Das Wichtigste ist immer zu wissen, in welchem Ver=
hältnisse ich zu Anderen stehe, nämlich, daß wir Alle
Einer um des Anderen willen da sind (wobei sich das
Verhältniß näher auch so gestalten kann, daß Einer der
Vorgesetzte der Andern ist, wie der Widder der Schaaf=
heerde, der Stier der Rinderheerde). Dann, daß man
die Menschen beobachtet, wie sie's daheim oder sonstwo
zu treiben pflegen, und welche Grundsätze als treibende
Kraft in ihnen liegen. Drittens, daß man bedenkt, daß
Alle, die unvernünftig handeln, unfreiwillig und un=
wissend so handeln — und Schmerz genug für sie liegt
schon darin, daß sie eben Ungerechte, Undankbare,

Geizige oder mit einem Worte Uebelthäter heißen.
Ferner, daß auch Du so manchen Fehler hast und
von derselben Art bist wie sie; daß, wenn Du Dich
von gewissen Vergehungen fern gehalten hast — viel=
leicht war's Feigheit oder Ehrgeiz oder etwas dem
Aehnliches, was Dich fern hielt — Du doch auch den
Charakter hast, aus dem jene Vergehungen entspringen.
Ferner, daß es gar nicht immer so fest steht, ob sie gefehlt
haben, wenn es Dir auch so scheint. Denn Vieles ge=
schieht aus einer weisen Berechnung der Umstände, die
uns verborgen sein können. Man muß überhaupt erst
so Manches gelernt haben, ehe man über die Handlungs=
weise eines Anderen richtig urtheilen kann. Dann denke
man doch immer wieder an die Kürze des menschlichen
Lebens, zumal wenn man so recht aufgelegt ist unwillig
zu werden und aufzubrausen. Und weiter, daß es ja
eben nicht jene Handlungen sind, die uns Beschwerde
machen, sondern unsere Vorstellungen, die wir uns über
sie machen. Schicke die heim, und Dein Zorn wird sich
legen. Aber wie? Durch die Erwägung, daß, was Dir durch
jene widerfährt, in Wahrheit nichts Schlechtes sei. Wäre es
schlecht, dann wärst Du ja nothwendig selber dadurch
schlecht geworden. — Und weiter, daß Zorn und Unwille
über solche Dinge uns doch viel mehr beschweren, als
die Dinge, über die Du Dich erzürnst. Und endlich, daß
ein liebevolles Gemüth, wenn seine Liebe wirklich echt
und ungeheuchelt ist, durch Nichts kann überwunden
werden. Auch Dein allerärgster Feind kann Dir Nichts
anhaben, wenn Du auf Deiner Liebe zu ihm beharrst,

wenn Du bei Gelegenheit ihn ermahnst und gerade, wenn er im Begriff ist Dir wehzuthun, ihm freundlich zuspricht: nicht doch, Lieber; wir sind zu etwas Anderem geboren; mir schadest Du ja nicht, Du schadest Dir selber, Kind! wenn Du ihm so in sanfter Weise und Alles wohlerwogen zeigst, daß sich dies so verhalte, und daß nicht einmal die Thiere so verfahren, die in Heerden beisammen leben. Freilich muß dies ohne alle Ironie geschehen, nicht mit dem versteckten Wunsche ihn zu bemüthigen, sondern aus reiner Liebe und ohne das Gefühl erlittener Kränkung, auch nicht im Schulmeisterton oder im Beisein eines Andern, sondern mit ihm allein, selbst wenn Andere gegenwärtig wären. — Diese neun Punkte also erwäge fleißig, laß sie Eingang bei Dir finden, als wären es ebenso viele Gaben der Musen und fange einmal an ein Mensch zu sein, so lange Du noch lebst. Sanftmuth und Milde — das ist das ächt Menschliche und Männliche; hierin liegt Kraft und Tapferkeit und Stärke, nicht im Zorn und in dem indignirten Wesen. Denn je näher Etwas an die völlige Leidenschaftslosigkeit grenzt, desto näher kommt es wirklicher Macht. Und wie die Traurigkeit ein Zeichen der Schwäche, so auch der Zorn. In beiden sind wir verwundete, geschlagene Leute. Aber freilich vor Kriecherei muß man sich ebenso sehr hüten, wie vor dem Zorn, da sie ebenso gegen das Princip der Gemeinschaft ist und ebenso verderblich wirkt. — Willst Du, so nimm vom Musagaten noch ein Zehntes: Wahnsinnig ist's zu fordern, daß schlechte Menschen nicht fehlen sollen, unbillig aber und unwillkürlich, zu verstatten, daß sie sich gegen Andere vergehen, nicht aber, daß sie Dich verwunden.

17.

Viererlei Verirrungen des Geistes giebt es, vor denen man sich stets in Acht zu nehmen hat, und denen man, sobald sie ausgespürt sind, ausbiegen muß, indem man sich bewußt wird: dies ist ein Gedanke, zu dem Dich Nichts zwingt; dies ist Etwas, wodurch die menschliche Gesellschaft aufgelöst wird; dies redest Du nicht von Dir selbst (und es giebt nichts Absurderes, als nicht aus sich selbst heraus zu sprechen). Endlich, eine Schmach ist es, die Du Dir selber zufügst, so oft das göttlichere Theil an Dir erniedrigt und herabgewürdigt ist von dem geringeren und sterblichen und dessen groben Lüsten.

18.

Alles Luftige und Feurige, was Deinem Organismus beigemischt ist, obwohl es von Natur nach Oben strebt, gehorcht es doch der Anordnung des Alls und bleibt hier ruhig in der gesammten Masse. Ebenso alles Erdige und Feuchte, das nach Unten strebt, wird doch fort= während gehoben und behauptet den seiner Natur nicht zukommenden Ort. So gehorchen die Stoffe dem Uni= versum, wenn sie gewaltsam irgendwohin gestellt sind, und verweilen hier bis das Zeichen zu ihrer Auflösung gegeben ist. Ist es nun nicht schlimm, wenn die Vernunft allein nicht will gehorsam sein und die ihr zugewiesene Stelle mit Unwillen betrachtet? Und das, wiewohl ihr nirgend Zwang auferlegt wird, sondern nur was ihrer Natur entspricht? Denn jede ihrer Bewegungen nach dem Unrecht oder nach dem Sinnenreiz, nach dem Zorn, nach dem Schmerz und nach der Furcht ist nichts Anderes, als ein solches Fortstreben von dem ihr zugewiesenen Orte, als ein Abfall von der Natur.

19.

Wer nicht im Leben einen und denselben Zweck verfolgt, der ist auch eigentlich nicht ein und derselbe Mensch. Doch kommt es vor Allem darauf an, von welcher Art dieser Zweck ist. Es hängt dies genau mit dem Begriff der Güter zusammen, der schwankend und unbestimmt bleibt, so lange es sich darum handelt, was jedem Einzelnen gut ist, und der zur Klarheit und Bestimmtheit nur gebracht werden kann, wenn man das Ganze, die Gemeinschaft Aller in's Auge faßt. Und so muß auch der Zweck des Lebens eines Jeden sich nach dem Ganzen richten, ein mit dem Zwecke der Gemeinschaft, der man angehört, harmonirender sein. Wer nun alle seine besonderen Tendenzen diesem Zweck unterordnet und ihm gemäß gestaltet, der wird dadurch auch Consequenz in seine Handlungsweise bringen und so immer derselbe Mensch sein.

20.

Das menschliche Leben giebt mir oft Nichts weiter, als das Bild einer Haus- oder Feldmaus, die erschrocken hin- und her läuft.

21.

Als Sokrates sich bei Perdikkas entschuldigte, warum er seine Einladung nicht angenommen habe, sagte er: damit ich nicht vor Schimpf und Schande zu vergehen brauchte als Einer, der Wohlthat empfängt, ohne sie mit Wohlthat vergelten zu können.

22.

Die Pythagoräer sagen, man müsse früh zum Himmel aufblicken, damit wir derer gedenken, die immer Eines und dasselbe, und die ihr Werk stets auf dieselbe Weise treiben, damit wir ihrer Ordnung, ihrer Reinheit, ihres unverhüllten Wesens gedenken. Denn die Gestirne haben keine Hülle.

23.

„Der Sklavenseele ziemt es mitzusprechen nicht."

24.

„Laß sie die Tugend schmähen, mit was für Worten sie wollen" —

„ — Und es lachte das Herz mir im Busen."

25.

Nach Epiktet soll Jeder, der sein Kind küßt, bei sich denken: morgen vielleicht ist es todt. Das klingt wie eine Lästerung. Aber, sagt er, kann das eine Lästerung genannt werden, womit ich etwas rein Natürliches bezeichne? wenn ich z. B. sage: die Aehren werden abgemäht?

26.

Einen Räuber des Willens giebt es nicht, sagt derselbe.

27.

Sokrates sagte: Was wollt Ihr? wollt Ihr Seelen vernünftiger oder unvernünftiger Wesen? Vernünftiger. Welcher Vernünftigen? Gesunder oder verderbter? Gesunder. Nun, warum sucht Ihr sie nicht auf? Suchen? weil wir sie haben! Also warum zankt und streitet Ihr Euch?

Zwölftes Buch.

1.

Alles, was Du jetzt auf Umwegen zu erreichen wünschest, könntest Du schon besitzen, wenn Du nicht mißgünstig gegen Dich selber wärest. Es wäre Dein, sobald Du im Stande wärst, was hinter Dir liegt auf sich beruhen zu lassen, was vor Dir, der Vorsehung anheimzustellen, und nur das Gegenwärtige der Frömmigkeit und Gerechtigkeit gemäß zu gestalten; der Frömmigkeit, indem Du Dich Deines Schicksales freust, der Gerechtigkeit, indem Du freimüthig und ohne Umschweif die Wahrheit redest und thust, was das Gesetz und was der Werth jeder Sache erfordern, unbeirrt von Anderer Schlechtigkeit, von irgend welchen übelangebrachten Vorstellungen, von dem Gerede Anderer und von den Empfindungen Deiner fleischlichen Hülle. Denn wenn Du so Deinem Lebensende entgegengehst, alles Andere mit Gleichgültigkeit betrachtest, nur das Göttliche in Dir, den herrschenden Genius verehrend, und nicht sowohl das Aufhören des Lebens als vielmehr das Nicht-Beginnen eines naturgemäßen Lebens fürchtest, dann darfst Du auch ein Mensch heißen, der würdig ist der Welt, die ihn hervorgebracht, und wirst aufhören ein Fremdling zu sein in Deinem Vaterlande.

2.

Als nackt und von dem Gefäß, der Schaale, dem Schmutz des Körpers entblößt sieht Gott die Seele an. Denn die eigentliche Berührung zwischen ihm und seinen Werken findet nur vermittelst seines Geistes statt. Thue es ihm nach und Du befreist Dich von so mancher Last und Sorge. Denn wer erst absehen gelernt hat von seinem Leibe, der ihm das Nächste ist, der achtet dann gewiß auch nicht mehr auf Kleidung, Häuslichkeit, Ansehen bei den Leuten und all' dergleichen Aeußerlichkeiten.

3.

Leib und Seele sind Dein nur soweit es Deine Pflicht ist für sie zu sorgen. Der Geist aber ist ganz eigentlich Dein. Doch nur, wenn Du ihn frei zu machen weißt von allen Einflüssen der Außenwelt, des eigenen Leibes und der dem Leibe eingepflanzten Seele, so daß er ein Leben aus sich und für sich selber führt, vollbringend was die Gerechtigkeit gebietet, wollend was das Schicksal auferlegt und wahr in seinen Reden, nur dann kannst Du die noch übrige Zeit ruhig und heiter leben und wirst treu bleiben Deinem Genius.

4.

Ich wundere mich oft darüber, wie derselbe Mensch, der sich mehr liebt als alle Anderen, dennoch mehr Gewicht auf das Urtheil Anderer über ihn, als auf das eigene legen kann. Bedenkt man freilich, daß kein noch so bedeutender Lehrer, ja daß kein Gott es auch nur einen Tag lang von uns erreichen würde, gleich zu sagen, was wir denken, so wie wir den Gedanken nur gefaßt, so ist's auch wiederum natürlich, daß wir eine weit größere Scheu vor dem haben, was Andere von uns denken, als vor unserer eigenen Meinung.

5.

Wie mag es nur kommen, daß die Götter, die doch Alles so schön und menschenfreundlich eingerichtet haben, das Eine übersehen konnten, daß selbst die wenigen trefflichen Menschen, die mit dem Göttlichen auf's Innigste verkehrten und sich ihm durch fromme Werke und heiligen Dienst zu besonderen Freunden gemacht haben, wenn sie einmal todt sind, nicht wiederkommen, sondern ganz und gar verschwunden sind? Allein, wenn sich die Sache wirklich so verhält, so wisse, daß, wenn es anders hätte sein sollen, sie's auch anders gemacht hätten. Wäre es gut gewesen, hätte es auch gewiß geschehen können; wäre es natürlich, so würde es die Natur auch einrichten. Daraus also, daß es nicht so ist, wofern es nämlich nicht so ist, erkennst Du, daß es nicht so sein darf. Und — würdest Du denn überhaupt auf diese Weise mit den Göttern rechten, wenn nicht die stillschweigende Voraussetzung wäre, daß sie die besten und gerechtesten sind? Und daraus folgt ja schon von selbst, daß sie in ihren Anordnungen nicht ungerecht und gegen die Vernunft verfahren konnten.

6.

Auch daran kann man sich gewöhnen, was Einem Anfangs verzweifelt scheint. Die linke Hand, die zu so vielen Dingen unbrauchbar ist aus Mangel an Gewöhnung, ist doch z. B. zur Führung des Zügels weit geschickter, als die rechte. Weil sie's gewohnt ist.

7.

Bei der Anwendung unserer Grundsätze auf's Leben gilt es mehr dem Ringer, als dem Fechter ähnlich zu sein. Der nämlich ist verloren, sobald ihm das Schwert abhanden kommt. Jenem aber steht die Faust immer zu Gebote; er braucht sie eben nur zu ballen.

8.

Welche Gewalt hat doch der Mensch, der Nichts thut, als was Gott loben kann, und der Alles hinnimmt, was Gott ihm sendet!

9.

Ist Alles eine unabänderliche Nothwendigkeit, wie kannst Du widerstreben? Giebt's aber eine Vorsehung, die sich versöhnen läßt, so mache Dich des göttlichen Beistandes würdig! Ist aber auch dieses nicht das Richtige, ist vielmehr Alles nur die principloseste Ver=

wirrung, so sei Du froh, daß Du selbst doch mitten in diesem Wirrwarr an Deinem Geiste ein solches leitendes Princip besitzest. Wohin Dich nun auch jene Strömung treiben mag — mag sie den Leib, die Seele, Alles mit hinwegführen, den Geist wird sie nicht mit sich fortführen!

10.

Das Licht der Lampe scheint, bis man es auslöscht; nicht eher giebt es seinen Strahl ab. Soll denn die Wahrheit, die Gerechtigkeit und Besonnenheit in Dir eher verlöschen?

11.

Wenn Jemand Dir die Meinung beigebracht, er habe sich vergangen, weißt Du auch gewiß, ob es ein Vergehen ist? und wenn er sich wirklich vergangen hat, ist er selber auch der Meinung? Oder gliche er dann nicht einem Menschen, der sich selbst das Auge auskratzt?

12.

Was sich nicht ziemt, das thue auch nicht, und was nicht wahr ist, sage nicht. Dein Hauptbestreben sei jederzeit, das Ganze im Auge zu haben.

13.

Merkst Du endlich, daß etwas Besseres und Göttlicheres in Dir ist, als das, was die Leidenschaften hervorruft und was Dich bald hierhin, bald dorthin zieht?

14.

Binde Dich an keinen Ort, an Nichts von dem, was Du jetzt siehst, an Keinen derer, die jetzt leben. Denn das Alles ist wandelbar und wird vergehen, um Anderen Platz zu machen.

15.

Des Menschen Geist ist göttlichen Geschlechts und von Gott ausgeflossen, und Nichts ist irgend eines Menschen Eigenthum.

16.

Der Allerunerträglichste ist der, der sich mit seiner Demuth brüstet.

17.

Die Dich etwa fragen möchten, wo Du denn eigentlich die Götter gesehen, und woraus Du entnommen habest, daß sie sind, so daß Du sie verehren magst, denen gieb zur Antwort: Einmal, sie sind wirklich mit Augen zu sehen. Dann, auch meine Seele habe ich ja noch nie gesehen, und halte sie doch in Ehren. Daraus, daß ich ihre Macht immer gespürt, habe ich entnommen, daß die Götter sind, und darum verehre ich sie.

18.

Eine gute That der andern so anreihen, daß auch nicht der kleinste Zwischenraum bleibt, was heißt das anders, als das Leben genießen?

19.

Ein Sonnenlicht, obwohl gebrochen durch Mauern, Berge, tausend Anderes. Ein gemeinsamer Stoff, ob=

wohl hindurchgehend durch tausend eigenthümliche Bildungen. Ein Leben, obwohl vertheilt auf unzählige Wesen, deren jedes seine Besonderheit hat. Eine Vernunft, obwohl auch sie zertheilt erscheint. Alles Uebrige, die Welt der Objecte, der empfindungslosen, ist ohne Zusammenhang in sich, obgleich auch hier der Geist waltet und Alles in seine Wagschaale fällt, nur das Menschenherz hat seinen ihm eigenthümlichen Zug nach dem, was ihm verwandt ist, und läßt sich diesen Gemeinschafts-Trieb nicht nehmen.

20.

So hast Du denn Dein Bürgerrecht gehabt, o Mensch, in diesem großen Reiche. Wie lange es gedauert, darauf kommt's nicht an. Was den Gesetzen gemäß ist, ist auch Jedem billig. Was also wäre Schlimmes daran, wenn Du entlassen wirst? entlassen ja nicht von einem Despoten oder ungerechten Richter, sondern von der Natur, derselben, die Dich eingeführt. So darf ja wohl der Intendant, der einen Schauspieler angestellt, ihm wieder kündigen. Aber, sagst Du, von fünf Akten sind ja erst drei abgespielt! Sehr gut. Doch sind im Leben auch drei Akte das ganze Stück. Der ehemals die Stoffe zusammenfügte und der jetzt sie wieder löst, der hat das Ende zu bestimmen. Du bist unschuldig an Beidem. So gehe denn versöhnt! Der Dich abspannt, ist's auch.

Anhang.

Wie der Leser der homerischen Gesänge oder der sophokleischen Tragödie mitten unter den fremdartigen Gestalten auf wohlbekannte, liebe Freunde trifft, die seine Sprache reden, so begegnet er in der vorliegenden Schrift wie überhaupt in den Schriften der Stoiker häufiger als in den Werken irgend einer andern Philosophenschule Ideen, die seiner eigensten Lebensanschauung entnommen zu sein scheinen.

Man hat diese auffallende Erscheinung als „Uebereinstimmung des Stoicismus mit dem Christenthume" bezeichnet, nicht blos in einer Zeit, wo man der Macht des Heidenthumes gegenüber das Christenthum dadurch empfahl, sondern auch später, nachdem die christliche Religion längst den Bestand gewonnen hatte, der solcher Stützen entbehren konnte. Ja noch im 17. Jahrhundert hat ein englischer Theologe den Satz des Kirchenvaters Hieronymus: „die Stoiker stimmen mit der christlichen Lehre in den meisten Stücken zusammen," zu dem seinigen gemacht, und in der Vorrede zu seiner Ausgabe des Mark Aurel ausführlich zu begründen gesucht, so daß es den Anschein gewinnt, als wäre es jetzt der Stoicismus, der durch diese Parallele empfohlen werden soll — eine

Tendenz, die doch nur da hervortreten kann, wo das Christenthum, oder das, was man dafür hielt, die Geister nicht mehr befriedigt. Aber was war es auch anders, als ein sich Abwenden vom Christenthum, was sich in jener Vorliebe für das klassische Alterthum ausspricht, von der gewisse Kreise in den beiden der Reformation folgenden Jahrhunderten durchdrungen sind? was anders, als ein versteckter Abfall, wenn die Christen des 17. und 18. Jahrhunderts denselben Kaiser vergötterten, der die Christen seiner Zeit hinrichten ließ, weil sie ihn nicht vergöttern mochten? Aber ein klares Bewußtsein darüber hatte man nicht. Es war ganz aufrichtig gemeint, wenn man sich an der „Christlichkeit" der alten Heiden erfreute. Warum, konnte man ja auch sagen, waren jene so blind, daß sie in Mark Aurel den Ihrigen nicht erkannten, und ihn nicht an die Seite der Evangelisten stellten, wohin er doch gehört? Und so gezwungen es uns erscheint, womit jener englische Theologe den Nutzen der Lectüre seines Autors entwickelt: es war sein voller Ernst, wenn er erklärte: „Es komme uns hier so recht zum Bewußtsein, daß die gefallene Menschheit das göttliche Ebenbild nicht gänzlich verloren, sondern gewisse Funken des göttlichen Geistes behalten habe; man lerne hier die Wahrheit jenes Ausspruchs Matth. 11, 25. erkennen, daß es die Weisen waren, denen die besondere Gottesoffenbarung verborgen blieb, und müsse so sich von der Gnade und Barmherzigkeit Gottes durchdrungen fühlen, da er uns, den am Aergsten mit der Sünde Befleckten und am Tiefsten in Finsterniß und Schatten des Todes Gehüllten sein Licht aufgehen ließ, während er die ungleich höher Begabten überging;" ebenso Ernst ferner, wenn er von sich bekennt: „Es ergreife ihn Verwunderung und Schrecken, so oft er bei sich überlege, wie weit entfernt er in so vielen Stücken von dem sei, was Mark Aurel trotz seiner Unbekanntschaft mit dem Heilswege geleistet;" und wenn er weiter sagt: „Man könne sich dadurch nicht anders, als zu ernsterem Streben und zu größerer Anstrengung angespornt fühlen, damit wir, die wir mit viel größeren Hilfen ausgerüstet sind, von jenen nicht übertroffen werden, und damit uns das Geständniß nicht mit tiefer Schaam erfülle, ja zum Gerichte werde, daß die dem gefallenen Menschen noch übrigen Kräfte Mehr vermögen, als die Gnade, die uns verliehen ist. Sei es doch schmählich, wenn wir Christen so manche Vorschrift unseres Herrn unbillig, hart und übertrieben finden können, während Heiden mit den stärksten Gründen darthun, daß nur solche Forderungen göttlich, vernünftig und natürlich seien; schmählich, wenn der Glaube die Einsicht und die Kraft nicht darzureichen vermag, zu welchen jene durch ihre unwiedergeborne Vernunft gelangt sind." — Doch war es gar nichts weiter, als Enthusiasmus für das Alterthum, was sich auf diese Weise äußerte, ein Enthusiasmus, den man eben theilen muß, um sich einzubilden, daß ihm ein positiv christliches Moment beiwohne, oder um zu meinen, daß man im Grunde genommen die Sphäre des Christlichen gar nicht verlasse, wenn man sich mit solchen Heroen des Alterthums wie Mark Aurel beschäftige.

Denn was ist nun eigentlich das Christliche am Stoicismus? Die Stoiker, heißt es, lehren, oder Mark Aurel lehre:

„Es giebt einen Gott, der sich nicht blos um die Welt im Ganzen und Großen, sondern der sich auch um uns Menschen, um jeden Einzelnen von uns kümmert, einen Gott, der uns nicht nur geistige Güter verleiht, sondern von dem auch die herrühren, durch welche das äußere Leben erhalten und befördert wird, und dieser Gott ist über alle Dinge zu verehren, bei Allem anzurufen, in Allem zu erkennen, für Alles zu loben und zu preisen; ihm allein müssen wir in allen Stücken auch mit Aufopferung des Lebens folgen und seine Schickung, wie sie auch sei, mit Freuden hinnehmen, da ja Nichts besser, angemessener und heilsamer für uns sein kann, als was er uns sendet." —

Und weiter:

„Der Mensch solle seinen Nächsten von Herzen lieben, für ihn sorgen und ihn ertragen. Hierauf gehe seine Bestimmung und der Zweck seines ganzen Lebens. Denn der Mensch sei nicht für sich selber da, sondern um der Andern willen. Darum dürfe er nie aufhören, wohl zu thun. Ein besonderer Lohn aber sei dafür nicht zu fordern, vielmehr selbst das Bewußtsein einer guten That zurück zu drängen; denn wer Anderen nützlich ist, nütze sich selbst. Die oberste Pflicht aber des Menschen gegen sich selbst sei, daß man den Geist stets herrschen

lasse, daß man dem als Recht Erkannten Alles, auch
das Leben zum Opfer bringe. Dies sei die Tugend,
die sittliche Tüchtigkeit des Menschen. Der gute
Mensch aber sei auch immer der Glückliche, an wie
vielen „Uebeln" er auch möge zu leiden haben, da
ein Uebel nur das verdiene genannt zu werden,
was den Menschen innerlich verdirbt. Ebenso sei
der böse Mensch auch stets der Unglückliche, wie viel
„Güter" er auch besitzen möge, da ein Gut nur das
sei, was zur Veredlung des Menschen beiträgt. —"

Und in der That liefert unsere Schrift für jeden dieser
Sätze mannigfache Beläge.

Allein man braucht nur eine Seite in dem Buche
gelesen zu haben, um zu wissen, daß da auch noch ganz
andere Dinge gelehrt werden. Der Monotheismus, zu
dem sich der Autor zuweilen erhebt, sieht man, ist nirgends
festgehalten, auch treten die Begriffe Welt, Natur, Uni=
versum, Vernunft an die Stelle Gottes, und den Vor=
schriften der Liebe, des aus sich Herausgehens, treten
andere an die Seite, die den Menschen lediglich auf sich
selber stellen. Wir können es mit eben so viel Citaten
belegen, daß Mark Aurel lehrt: „die Natur ist die Alles
Spendende und die auch Alles wieder in sich zurück=
nimmt. Was sie will, erkennt man aus der Schickung,
die uns zu Theil wird, und die von Ewigkeit bestimmt
ist. Ihrem Willen gehorchen, heißt zugleich der Stimme
der Vernunft gehorchen; denn die allgemeine Natur und
die menschliche sind ihrem Wesen nach Eins. Der Vernunft
zu leben und sie durch unsere Handlungsweise zur Dar=

stellung zu bringen, ist das einzig Haltbare in dem un‍aufhörlichen Wechsel, der das Wesen der Welt ausmacht; daher muß dies auch unsere einzige Sorge sein. Alles Andere ist indifferent, ja es ist nothwendig, sich an Nichts und an Niemand zu binden." — Also erst beide Ge‍dankenreihen zusammen geben das Material zur Fest‍stellung der Lehre. Wir müssen es versuchen, uns einen Gott vorzustellen, dem der Begriff Welt, ohne ihn zu alteriren, substituirt werden kann. So wäre Gott Nichts als eine Personification des Universums. Aber auch die Einheit ist der Gottesidee nicht wesentlich, wie es nicht anders sein kann, wo ihr der Gedanke an die Natur als den Inbegriff der verschiedenen Kräfte so nahe liegt; weshalb die Götter auch noch immer ihren Platz be‍haupten. Noch mehr aber verflüchtigt sich der Begriff Gottes zu einer bloßen Abstraction, wenn von der eisernen Nothwendigkeit die Rede ist, die allem Entstehen und Vergehen zu Grunde liege. Daher kann denn auch die „Gottesverehrung" nur im Reflectiren über diese ewigen Prozesse bestehen; der Gedanke an Gott kann füglich keine andere Wirkung haben, als an die Nichtig‍keit alles Irdischen und Menschlichen zu erinnern und so alle etwa auftauchenden Gelüste zu beschwichtigen und alles Wichtigthun niederzuschlagen; der Preis Gottes ist nur der euphemistische Ausdruck für den Gleichmuth, den der Mensch den Widerwärtigkeiten des Lebens ent‍gegensetzt, und das Gebet endlich ist entweder eine bloße Reminiscenz, oder das Pathos der Reflexion oder — ein bloßer „Versuch." Fügen wir nun hier sofort noch einen Hauptpunkt des Systems hinzu, den die Liebhaber des Stoicismus zu verschweigen pflegen, daß Mark Aurels Religion durchaus eine Religion des Dies= seits ist, indem er nirgends eine persönliche Fortdauer des Menschen nach dem Tode lehrt, daß ihm der Tod, den er bald als Auflösung der Elemente unserer Natur, bald aber als ein Versetztwerden oder als eine Rückkehr in den Ursprung aller Dinge betrachtet, doch stets das Ende der persönlichen Existenz ist, so muß, was diese Seite seiner Lehre anbetrifft, die gerühmte Harmonie mit dem Christenthum als eine pure Illusion erscheinen. Die andere dagegen, die Ethik Mark Aurels, scheint allerdings dem Christenthum weit näher zu kommen. Ihr erster Satz sogleich ist dem Wortlaut nach rein biblisch, und zwar eins von den Hauptgeboten des neuen Testaments. Das Sorgen für Andere, das Dulden ihrer Fehler, sind auch bei dem Apostel Paulus die wesentlich= sten Aeußerungen der Liebe. Auch vor Christo besteht nur der Wohlthäter, der in Einfalt und mit Kindessinn sein Gutes thut; die Stelle V. 6. unserer Schrift erinnert unwillkürlich an Jesu Wort: „Laß Deine linke Hand nicht wissen, was die Rechte thut." Und warum dürfte man nicht in dem Spruche des Apostels: „Wer ist, der Euch schaden könnte, so Ihr dem Guten nachkommt," die Lehre finden, daß der tugendhafte Mensch auch stets der Glückliche sei?

Allein abgesehen davon, daß, worauf schon hingedeutet wurde, im stoischen System der Kultus des eigenen Genius unter den Pflichten des Menschen eine Stelle einnimmt, die alles übrige Thun und Streben als untergeordnet, nur als Vehikel zur Erfüllung dieses vornehmsten Gebotes erscheinen läßt, ja der Nächste selbst so gleichsam zum bloßen Werkzeug der Tugendübung — man möchte sagen in katholisirender Weise — herabgesetzt wird, so daß die Nächstenliebe, was wir herzlich und wahrhaft nennen, niemals sein kann; jenen Kultus aber mit Bibelsprüchen wie dem: „Trachtet am Ersten nach dem Reiche Gottes und nach seiner Gerechtigkeit" zusammen zu bringen, nur dem erwähnten Enthusiasmus für die Alten möglich ist —: abgesehen davon, ist es doch unstatthaft, eine Moral, der die religiöse Basis fehlt, und die so völlig auf sich selber gestellt ist, daß auch einander entgegengesetzte religiöse Grundvorstellungen an ihr nichts ändern, mit dem Christenthum zu vergleichen, dessen sittliche Forderungen auf's Innigste verwebt sind mit den Grundsätzen des Glaubens, ja dessen Eigenthümlichkeit hauptsächlich darin besteht, Religion und Moral in Eins zu sein. Ob es Götter giebt oder nicht, heißt es bei Mark Aurel, das bleibt sich in Betreff der menschlichen Handlungsweise völlig gleich. Der Mensch hat seine eigene Ueberlegungskraft (VI. 44.) zu wissen, was ihm frommt; die Norm seines Handelns trägt er in sich selbst (V. 14.), nach der er sich zu richten hat, wenn auch Alles um ihn her ein blindes Ungefähr und die principloseste Verwirrung wäre (IX. 16, XII. 9.). Und wiewohl es daneben nicht an der Nachweisung fehlt, daß jedes Unrecht als solches zugleich eine Gottlosigkeit sei (IX. 1.), woraus man auf den religiösen Hintergrund auch der stoischen Moral schließen könnte; so zeigt doch die Art dieser Nachweisung gerade das Gegentheil, sobald man nicht schon jedes ethische Axiom als solches einen Glaubenssatz nennen und dabei von Vorn herein, wie man wenigstens vom Standpunkt einer Parallele mit dem Christenthume aus nicht füglich darf, auf jeden transcendentalen Inhalt verzichten will. Denn es kommt in dieser Begründung schlechterdings Nichts vor, was den Willen Gottes, der hier ohnehin durchweg als Wille der „Natur" erscheint, von der der menschlichen Vernunft immanenten Bestimmung (VIII. 5.) unterschiede. Und während endlich das christliche Bewußtsein die Abhängigkeit des menschlichen Handelns von dem Glauben an die jenseitige Welt am stärksten in den Worten des Apostels bekennt: „Lasset uns essen und trinken, denn morgen sind wir todt," zeigt Mark Aurel auf jeder Seite seines Buches das Bild seines Tugendhaften in dem Rahmen der kurzen Spanne Zeit, die zwischen dem Geborenwerden und dem Sterben mitten inne liegt.

Nach alle dem erweist sich die Behauptung von der Uebereinstimmung des Stoicismus mit dem Christenthume oder von der Christlichkeit des Mark Aurel als unwahr, wie eine jede derartige Parallele unrichtig sein muß, da sie von einer falschen Auffassung der Geschichte ausgeht. Die Geschichte der Menschheit ist ein Leben, dessen verschiedene Perioden wohl äußere und innere Analogien unter einander aufweisen können, aber keine Wiederholungen, wo eine Entwickelungsstufe die andere wohl vorbereiten, dem Keime nach in sich tragen, aber nicht vorwegnehmen kann. Das Christenthum ist vorbereitet worden durch Heidenthum und Judenthum, denn es zeigt sich als die Versöhnung beider, aber weder das eine noch das andere kann mit dem Christenthume verglichen werden, so wenig als die Frucht mit dem Stamme verglichen werden kann. Der philosophischen Geschichtsbetrachtung, welche die Geschichte zu begreifen sucht, sind solche Parallelen unmöglich. Sie würde sie nicht brauchen können, auch wenn sie richtig wären. Sie fragt: Gesetzt es hätte sich die strikte Harmonie zwischen Stoicismus und Christenthum ergeben, wäre uns nicht dadurch der Stoicismus sowohl wie das Christenthum erst recht unbegreiflich geworden? Statt dessen zeigt sie uns vielmehr, wie beide geworden; bleibt überall nicht stehen bei der äußeren Verknüpfung und Zusammenstellung der Ereignisse, sondern zeigt uns den innern Gang derselben, ihre Motive und Resultate, läßt uns die Arbeit der Jahrhunderte sehen, führt uns die verschiedenen Nationen als die Träger dieser Arbeit vor und weist nach, wie dieselben sich unter einander ergänzen. So erblickt sie*) in der vorchristlichen Welt das Ringen des Menschengeistes, den Streit der sein Leben beherrschenden Mächte zu versöhnen, das sich in zwei wesentlich von einander verschiedenen Gestalten ausprägt, im Heidenthume, wo das Gottesbewußtsein bestimmt

---

*) Vergl. Braniß: Einleitung in die Geschichte der Philosophie seit Kant. Bes. S. 213—251.

ist von der Auffassung der Natur, und im Judenthume, wo dagegen die Naturanschauung das Normirte und die Gottesidee das Normirende ist, und führt nun aus, daß wie es hier das **Prophetenthum** sei, das dem Volke gegenüber dessen eigene Mission bezeichnet, so dort die **Philosophie**, und zwar die Philosophie als die That des hellenischen Geistes, die Idee des Heidenthums dem menschlichen Bewußtsein vermittele. Als den Höhenpunkt der griechischen Philosophie aber betrachtet sie die **platonisch-aristotelische** Speculation, weil durch sie die Aufgabe gelöst sei, das Wesen des Menschen nach seiner natürlichen und nach seiner göttlichen Seite und in der Einheit beider darzustellen, und ihn durch diesen Begriff selber von allen den Gedanken über Gott und Welt zu befreien, die ihm nur gegeben, nicht aus dem eigenen Selbstbewußtsein hervorgegangen sind, oder mit anderen Worten, ihn zu der allgemeinen Vernunftreligion und zu der allgemein vernünftigen Sitte zu befähigen. Demnach ergiebt sich, eben jener philosophischen Geschichtsbetrachtung zufolge, sofort die weitere Aufgabe, daß der Mensch nun auch wirklich sich dieser speculativen Idee seines Wesens gemäß gestalte, in seinem **Denken** nicht blos, sondern in seinem ganzen **Leben** diese Idee, das Ergebniß der philosophischen Forschung, bewahrheite, und so die Philosophie in die allgemeine „Bildung" übergehe. Und dieser Uebergang nun sei es, was sich im **Epikureismus und Stoicismus** vollzogen habe.

Hier erhalten wir denn also den ersten Fingerzeig, wie wir die vorstehenden Blätter anzusehen haben, da jenes

Raisonnement über die Aehnlichkeit der stoischen Religion mit der christlichen jede Willkür in der Auffassung unserer „Meditationen" eher provocirte, als niederschlug. Wiewohl von einem Römer verfaßt, sind sie doch ein Erzeugniß des griechischen Geistes; wiewohl philosophisch, gehören sie doch nicht einer Philosophie im strengen Sinne des Wortes, sondern jener nach vollbrachter speculativer Arbeit hervortretenden Tendenz an, die Philosophie zum „populären Bewußtsein" zu gestalten; sind also nicht dem Boden des reinen Gedankenlebens, sondern „einer das Leben durchdringenden und bewegenden unmittelbaren Ueberzeugung" entwachsen.

Ihre nähere Charakterisirung aber kann sich uns zunächst nur daraus ergeben, daß wir der Geschichte der Philosophie zur Vergleichung jener beiden „Confessionen" folgen, deren Zweiheit dadurch bedingt erscheint, daß der Mensch auf dem Standpunkt der vorchristlichen Welt, um seine Idee als verwirklicht darzustellen, zwischen der Prävalenz seines natürlichen und der seines geistigen Interesses beliebig wählen kann. Denn während der Epikureismus nach einer Befriedigung des Lustgefühls strebt, mit welcher die intellectuelle Selbstständigkeit zugleich gegeben ist, hat der Stoicismus ein vom Denken bestimmtes Leben im Auge, dem aber das Lustgefühl einwohnen soll. Und von dieser Verschiedenheit der Tendenz bei sonst gleicher anthropologischer Grundanschauung hängen dann alle übrigen Differenzen beider Richtungen ab. Das Begriffliche, was auch den einfachsten Sinneswahrnehmungen und den durch sie gebildeten wahren Vorstellungen zu Grunde liegt, und was dem Epikureismus als bloße Abstraction erschien, faßte der Stoicismus, eben vermöge seines geistigen Interesses, als eine der Materie einwohnende Bestimmtheit auf, so daß ihm die Welt auf zwei Principien, auf der Materie und auf einer sie gestaltenden Macht beruhte, während der Epikureismus seine ganze Physik auf den Begriff des Körperlichen baute, unter den sogar das Wesen der Empfindung selbst — und nicht blos der Empfindung, sondern auch der bloßen Imagination, die sich von jener nur durch die Feinheit der Bilder unterscheide, befaßt wurde. Weshalb denn der Epikureismus auch von Göttern als existirenden Wesen redet, da deren Bilder in der Seele des Menschen vorkommen, von unsterblichen und seligen Göttern, deren Seligkeit sich aber mit der Annahme, daß sie sich um der Menschen Treiben kümmern und deren Schicksal bestimmen, gar nicht vertrage. Wogegen der Stoicismus eine die Welt bildende, ordnende und erhaltende Gottheit kennt, eine Gottheit, die als die weltbildende jene der Materie einwohnende Kraft oder die sich in die Unterschiede der einzelnen Organisationen einführende und wieder in ihre ursprüngliche Unterschiedslosigkeit zurückkehrende, die ewig entstehende und vergehende Welt selber ist, die aber als die weltordnende zugleich auch alles Seiende zu einem harmonischen Ganzen verbindet, in welchem Eins dem Andern dient, so daß sie als der das All durchdringende Geist oder als die Weltseele erscheint, deren Theile die einzelnen Seelen sind, und die das Universum nach allen Richtungen zu einem göttlichen macht, woraus sich auch die Verehrung vieler Götter rechtfertigt; eine welterhaltende Gottheit endlich, durch welche die Harmonie des Ganzen fortbesteht, und welche ebenso als der sich unabänderlich vollziehende göttliche Wille, als Weltgesetz, das jeden Zufall ausschließt, wie als die ewige Vorsehung betrachtet werden kann, da Nichts, was in der Welt geschieht, ein Vereinzeltes ist, sondern Alles getragen wird von den Veränderungen, die in anderen Regionen des Weltlebens vor sich gehen, und seinerseits auch wieder die Bedingung solcher Veränderungen ist, eine Vorsehung, welche sich dann weiter in den empfindenden Wesen als Trieb zur Selbsterhaltung, im Menschen aber als die Vernunft offenbart, Kraft deren er sein Leben frei nach dem, was dem Ganzen angemessen ist, d. i. naturgemäß, zu bestimmen vermag. — Eben so verschieden gestaltete sich auch die Ethik beider. Die Tugend mußte dem Epikureismus als ein bloßes Mittel zur Glückseligkeit erscheinen, und wurde sonach als die Einsicht in die ihrem Werthe nach so ungleichen Zustände der Lust und Unlust und als die dieser Einsicht entsprechende Auswahl derselben gefaßt, während der Stoicismus in der Tugend das höchste Gut des Menschen selbst erblickte, eben so wie die Unsittlichkeit ihm als das wahre Uebel galt, alle übrigen für angenehm oder unangenehm geltenden Zustände aber für ihn den Charakter gleichgültiger Dinge hatten. Auch dem Stoicismus ist die Tugend wesentlich Einsicht, eine zunächst rein intellectuelle Kraft, die

Einsicht in die der ganzen Welt überhaupt, wie insbesondere dem Menschen einwohnende Vernunft, daher ihr gegenüber die Unsittlichkeit als aus dem Irrthum, aus einem falschen Urtheil über Gut und Böse hervorgehend betrachtet wird; dann aber auch die auf dieser Einsicht ruhende Praxis: eine Praxis, die eben nichts Anderes ist, als die Darstellung des inwendigen Gottes, und die sich demnach als Freiheit von den sinnlichen Begierden, als Reichthum an wahren Lebensgütern, als Selbstgenügsamkeit und unerschütterlicher Gleichmuth und als eine Energie des sittlichen Strebens offenbart, der auch das Leben, wenn es ihm nicht mehr zu dienen im Stande ist, in freier That geopfert wird. Und wenn nun auch die in dem epikureischen Bilde des vollkommenen Menschen vorkommenden Züge nicht wesentlich andere sind, so findet doch der große Unterschied statt, daß, wie dies der verschiedene Ausgangspunkt schon andeutet, der Epikureismus Gerechtigkeit, Mäßigkeit, Standhaftigkeit u. s. w. nur fordert, um des diesen Tugenden folgenden Glückes willen, der Stoicismus aber in ihnen die Darstellung eines vernunftgemäßen Lebens erblickt, welches allein der Zweck des Menschendaseins ist, und dem die Glückseligkeit nur inhärirt.

Treten wir von hier aus wieder an unsere „Meditationen" heran, so wird uns Manches klar und bedeutsam erscheinen, was sich bisher, wo wir einen ihnen fremden Maßstab an sie anlegten, nicht recht begreifen ließ oder trivial genug ausnahm. Die Bestimmungen über das Wesen der Gottheit, die von dem christlichen

Gottesbegriff aus betrachtet, sich als dürftig, zerflossen und widerspruchsvoll erweisen mußten, haben nun ihren Grund und innern Zusammenhang. In Stellen wie V. 13. 23. und ähnlichen sehen wir die Gottheit als den Proceß des Werdens, als die sich selbst erzeugende und wieder umschaffende Welt gefaßt, während uns der Weltordner in IX. 8. X. 1, und die Alles erhaltende Gottheit vorzugsweise in IV. 43. V. 8. VII. 7. entgegentritt, und auch da, wo dieser dreifache Gottesbegriff nicht genau festgehalten zu sein scheint, wie z. B. I. 20, liefert er uns das Verständniß. Bedeutsam erscheinen uns nun alle die Aussprüche, in denen das gegenseitige Verhältniß zwischen Tugend und Glück auseinander gesetzt ist, bedeutsam sogar ein Satz wie VIII. 21, der eine Selbstwiderlegung des Epikureismus zu enthalten scheint, erklärlich aber auch, wie IX. 22. Epikur als Autorität angeführt werden kann.

Will uns aber eine vollständige Auffassung unserer Schrift auch so noch nicht gelingen, bleibt noch immer Etwas übrig, wobei wir die Frage, wie Mark Aurel dazu komme, nicht zu beantworten vermögen, weil es uns mit der gegebenen Darstellung des Stoicismus im Widerspruch, oder doch wenigstens nicht unmittelbar im Einklang zu stehen scheint, so dürfen wir nicht vergessen, einmal, daß Mark Aurel zu einer Zeit schrieb, wo jener von uns geschilderte Stoicismus schon Jahrhunderte lang bestand, und daß er in Rom schrieb; zweitens, daß seine Persönlichkeit, die Bildung, die er genossen, die Stellung, die er in der Welt einnahm, und die

Schicksale seines Lebens nicht ohne Einfluß bleiben konnten auf die Art, wie er sich dieses Gedankensystem aneignete und zur Darstellung brachte, das zwar geschichtlich sehr bestimmt ausgeprägt war, als ein geistiger Besitz aber doch immer den Stempel des Besitzers an sich tragen muß. — Zwar läßt sich, was nun das Erstere betrifft, von einer Geschichte des Stoicismus, von einer Fortentwickelung desselben kaum reden, zunächst schon wegen Sparsamkeit der Quellen. Von Zeno, dem Stifter der stoischen Schule, der um 300 v. Ch. im Portikus (der Stoa) zu Athen lehrte, ist keine Schrift bekannt; von seinen Schülern existiren nur Bruchstücke. Dasselbe gilt von den Stoikern, die wir seit 170 v. Chr. in Rom auftreten sehen. Erst des Seneka Schriften, der von 2 bis 65 n. Chr. lebt, sind uns zum großen Theil erhalten; dann die des Epiktet (50 bis 117) und nach Mark Aurel (121 bis 180) eine Schrift des stoischen Astronomen Kleomedes (300?). Dann aber liegt es auch gar nicht in der Natur des Stoicismus, sich fortzubilden, da er als wesentlich praktische Ueberzeugung auftritt und seine dogmatische Unterlage eben so, wie der Epikureismus die seinige, mehr entlehnt, als sich selber gegeben hat. Allein die einfache Thatsache, daß der Stoicismus nach Rom verpflanzt wurde und hier vorzüglich während der Kaiserzeit zur Blüthe kam, genügt, um mit Sicherheit auf gewisse fortgesetzte Modificationen desselben schließen zu können. Allerdings ist er überhaupt erst auf römischem Boden zu der einen jener beiden Confessionen geworden, als die ihn die Geschichte der Philosophie betrachtet; aber eben darum nimmt er auch Theil an den Fortschritten, welche dieser römische Boden im Zerfallen und Zerbröckeln zeigt. Johannes von Müller macht den Kaisern der guten Zeit „die einige Ausstellung, daß sie nicht vermittelst einer festen, wohleingerichteten Verfassung für die Nachwelt gesorgt haben." Aber das eben war das Unerschwingliche auch für diese guten Kaiser. Festes und Beständiges konnten sie nicht schaffen, denn selbst der Begriff davon war den römischen Zuständen abhanden gekommen, und eine „Nachwelt" ist für sie zum Mindesten höchst zweifelhaft geworden. Von dieser Skepsis, dem Wahrzeichen der beginnenden Auflösung im Staatsleben, ist auch Mark Aurel nicht frei geblieben. Abschnitte wie IV. 30. V. 10. 33. VII. 2. sind von ihr diktirt und entfernen sich von dem reinen Stoicismus, dessen Ideenwelt von den reellen Zuständen an sich gar nicht berührt wird, um so mehr, als sich in ihnen zugleich eine Indignation ausspricht, die an das Leidenschaftliche grenzt. Auch verräth die so häufig wiederkehrende Polemik gegen den Ehrgeiz als das Streben nach Ruhm bei der Nachwelt zuweilen weit eher eine skeptische Hoffnungslosigkeit, als das frische Selbstgenügen. Damit aber wäre zugleich eine Annäherung an den Epikureismus gegeben, dem dieses Rückwärts= und Vorwärtssehen auch Nichts weiter als die Mangelhaftigkeit der Welt offenbarte, der aber eben deshalb den Beweis lieferte, daß die Annahme einer die Welt leitenden Gottheit falsch sei. Und in der That sehen wir, daß die atomistische Weltansicht des Epikureismus dem Mark

Aurel wenigstens möglich scheint. Hat er doch auch „die Lehre vom Stoffwechsel" nicht ohne Vorliebe behandelt (IV. 21.). Wie oft legt er es uns also selber nahe, ihm den Epikureismus als das consequentere System entgegen zu halten und ihn zu fragen, wie er denn mitten in diesem für permanent erklärten Wust der Erbärmlichkeit sein Tugendstreben könne behaupten wollen. Und gewiß ist, daß der Stoicismus ein schlechter Ersatz für die altrömische Bürgertugend war, daß er „großen Seelen zwar Trost gewährte für den Verlust politischer Macht, und durch sein Stillschweigen der Leidenschaften wohl der Vernunft gebührende Oberhand ließ, daß er aber zur Bildung eines nachdrucksvollen und gleichwohl unter der sonderbaren Verfassung des römischen Reichs biegsamen Charakters nicht ausreichte: diese Weisen waren etwas zu kalt metaphysisch; sie verbreiteten mehr helles Licht, als ein die Keime des Lasters verzehrendes Feuer" (Johannes von Müller.).

Allein nicht alle Wirkungen des Römerthums auf den Stoicismus des Mark Aurel waren so destruktiver Art. Es hat auch befruchtend gewirkt. In der Idee des Menschen, wie sie der gesammten Philosophie der Alten zum Grunde lag, war jede Bestimmtheit, welche der Mensch durch die Natur erhält, aufgehoben, die Schranke des Volksthums gebrochen. Stoicismus und Epikureismus aber, sahen wir, hatten die Aufgabe, diese Universalität des menschlichen Wesens zum allgemeinen Bewußtsein zu bringen. Der Begriff des **Weltbürgerthums** war also durch sie gegeben. Wo aber konnte derselbe sich fruchtbarer erweisen, als im Bewußtsein eines Römers? eines Bürgers in dem Staate, dessen Umfang nicht blos, sondern dessen Gesammtorganisation ihn zum Weltstaate machte, weil er alle Nationalitäten in sich vereinigte? Wo sich dergestalt eine im philosophischen System gegebene mit einer gleichsam angeborenen Idee berührte, mußte ein Reichthum von Anschauungen entstehen, den der an sich nur negative Begriff des Kosmopolitismus allein nicht erzeugen konnte. Der Begriff des Weltbürgerthums mußte fortschreiten zum Begriff der Humanität.

Daß dies geschah, dafür liefert unsere Schrift hinlängliche Beweise. Es ist ein schlichter, aber doch sprechender Vergleich, mit dem gleich Anfangs I. 18. das für einander Leben als Lebenszweck des Menschen bezeichnet wird. Auch II. 12. III. 11. wird mehr nur beiläufig davon geredet, daß alle Vernunftwesen eine Gemeinde, ein Reich und zwar von je her bilden. Dagegen IV. 4. erscheint diese Idee dem Betrachtenden in solcher Größe und Erhabenheit, daß sie ihn zur Lösung eines metaphysischen Problems auffordert, während VII. 9. in überzeugenderer Weise auf ihre praktische Bedeutung Bedacht genommen wird. Der Abschnitt VIII. 18. ist dann schon im Ton der Klage darüber geschrieben, daß in der Wirklichkeit des menschlichen Lebens das Gebot der Humanität so häufig verletzt wird, wovon IX. 8. und XI. 7. weiter beredtes Zeugniß geben, jedoch nicht ohne darauf hinzudeuten, daß dieses Princip sich schließlich dennoch durchführe. — Man wird begreifen, daß so die ganze Tugendlehre eine andere werden mußte, als sie durch den Stoicismus ursprünglich gegeben war. Aus dem Gebote der Gerechtigkeit, womit bisher die Thätigkeit für Andere gefordert war, löst sich nun als ein selbstständiges das der Liebe ab, und stellt sich, keine Ausnahme duldend, auch dem Feinde gegenüber gültig (VII. 15.) allen den Forderungen an die Seite, welche die Vollendung des auf sein eigenes Wesen bezogenen Menschengeistes bezwecken. Aus diesem Dualismus freilich kommt Mark Aurel nicht heraus. Bald scheint es, als wäre jeglicher Verpflichtung des Menschen gegen sich selbst genügt, wenn er die gegen seine Nebenmenschen löse XI. 16., bald wieder verwirklicht sich sein Tugendideal rein innerhalb der vier Pfähle seines lieben Ich's X. 7. Und nur einmal (VI. 4.) ist's uns, als sei durch seine Seele eine Ahnung hindurch gegangen von einer höheren Einheit dieser beiden Seiten unseres Tugendstrebens. — Jedoch schon hier zeigt sich zugleich der Einfluß, den sein Charakter auf die Gestaltung seines Systems ausgeübt. Die Humanität hätte darin keine so wichtige Stelle eingenommen, wenn nicht seine ganze Persönlichkeit, wie die im Vorwort angeführten Züge beweisen, eine so humane gewesen wäre.

Aber wie bringen wir es mit dieser Humanität in Einklang, wenn wir hören, er habe die Christen verfolgt, unter seiner Regierung habe Justinus den Beinamen des Märtyrers sich erworben, sei der Letzte aus apostolischer Zeit, Polykarpus, Bischof von Smyrna, auf dem Scheiterhaufen gestorben, „weil er sich weigerte dem

Herrn zu fluchen, dem er 86 Jahre treu gedient", seien
die Christen zu Lyon und Vienne Monate lang erst
beschimpft, gemißhandelt, beraubt, dann unter den grau=
samsten Martern hingerichtet worden? Jedenfalls er=
fordert es die Berücksichtigung der ganzen Zeitlage, die
Kenntniß der im Mittelpunkte des Reichs wie an dessen
Enden maaßgebenden Interessen, um eine solche Er=
scheinung nicht im Widerspruch mit dem humanen
Charakter des Kaisers Mark Aurel zu finden. Wenn
Hase in seiner berühmten Kirchengeschichte sagt: „die
stoische Abneigung des Mark Aurel vor dem Enthusias=
mus der Christen ließ dem Volkshasse im südlichen
Gallien und in Kleinasien seinen blutigen Lauf," so
kann er sich allerdings als Beweis von der Existenz
einer solchen Abneigung auf eine Stelle unserer Schrift
(XI. 3.) berufen, die von den Kirchenhistorikern fleißig
citirt wird, und aus der Neander sehr richtig deducirt:
„was Mark Aurel als das Höchste erachtete, war die aus
ruhiger Ueberlegung, aus wissenschaftlich begründeter
Ueberzeugung hervorgehende Ruhe im Angesicht des
Todes, jene Resignation des Weisen, der auch sein persön=
liches Dasein der Vernichtung, welche das eiserne Gesetz
des Weltganzen verlangt, zu opfern bereit ist. Aber
etwas Unverständliches war ihm die aus einem leben=
digen Glauben und einer darin begründeten zuversicht=
lichen Hoffnung auf ein ewiges Leben hervorgehende
Begeisterung, womit die Christen dem Tode entgegen
gingen. Eine Ueberzeugung, welche nicht durch Vernunft=
gründe Allen mitgetheilt werden konnte, erschien ihm

nur als Schwärmerei, und die Art, wie manche wirklich schwärmerisch aufgeregte Christen den Tod selbst suchten, konnte ihn in seiner Ansicht bestärken." Allein es ist nicht ganz geschichtlich, wenn man sagt: er ließ dem Volkshasse seinen blutigen Lauf. Wenn der Bischof Melito von Sardes als Fürsprecher der Christen auftritt und sich bei dem Kaiser beklagt: „das Geschlecht der Gottesverehrer in Kleinasien werde durch neue Edikte verfolgt; schaamlose, habgierige Leute nähmen aus diesen Edikten Veranlassung, die Unschuldigen zu plündern Tag und Nacht," von diesen Gesetzen aber nicht wohl angenommen werden darf, daß sie der Proconsul auf eigene Hand erlassen; so müssen wir auf eine mehr als blos passive Stellung des Kaisers den Christen gegenüber schließen. Kommt man aber, um dies zu erklären, wieder auf seinen philosophischen Standpunkt zurück, so muß man die „stoische Abneigung", wie Neander gethan, zu einem „philosophischen Begriffsfanatismus, der intolerant und verfolgungssüchtig macht" steigern, und dagegen werden die Leser seiner Meditationen einmüthig protestiren. Fragen wir daher lieber ganz einfach: was wußte Mark Aurel von den Christen, oder wie mußten sie ihm erscheinen? und suchen wir uns diese Frage nach ihrer politischen und religiösen Seite kurz zu beantworten. Das Erste ist: die Christen waren eine Sekte, und als solche hatten sie keinen Anspruch auf Roms Toleranz. Nationalitäten konnte Rom dulden, seiner Neigung zu legalisiren bot alles Nationelle als solches das beste Material dar, sogar das Judenthum, so intolerant es gegen alles Uebrige war, ward sanctionirt. Aber der Christ, der den Glauben seiner Familie, seiner Stadt, seiner Provinz als Aberglauben von sich wies, „der die heiligen Bande des Herkommens und der Erziehung löste, die religiösen Einrichtungen seines Vaterlandes verletzte, und was seine Väter für wahr gehalten und als heilig verehrt hatten, verachtete," war ein Wesen, das sich auf keine Weise in den Organismus der römischen Welt einfügen ließ. Kam nun dazu, daß in den Anhängern des Evangeliums, welche rasch an Zahl zunahmen, der Trieb lag, sich zu associiren, so wurde es in den Augen Roms wirklich eine Schuld, die der Christ auf sich lud, indem er seinen Glauben der Staatsreligion vorzog. Denn man weiß, mit welchem Mißtrauen die römische Politik jede Vergesellschaftung unter ihren Unterthanen ansah, wie dieser Argwohn sogar soweit ging, daß Trajan sich einmal weigerte, 150 Spritzenleute in Nikomedien zu incorporiren. Wenn nun die Christen den Befehlen, welche ihre Versammlungen aufhoben, nicht nachkamen, und so das Band, das sie unter einander zu einer Gesellschaft verknüpfte, die von Tag zu Tag einen von dem übrigen Menschengeschlecht sich mehr unterscheidenden Charakter annahm, immer unauflöslicher zu werden schien, so konnte wohl auch der humanste, gebildetste und toleranteste römische Statthalter nicht anders an seinen Kaiser berichten, als es in den bekannten Worten des Plinius geschah: „was das Princip ihres Benehmens immer sein mag, verdient

doch ihre unbeugsame Hartnäckigkeit*) offenbar Strafe."
— Was ferner die christliche Religion betrifft, so that nicht blos der Heide von geringer Bildung, so that ein römischer Advokat die verwunderten Fragen: „Warum haben sie keine Altäre, keine Tempel, keine bekannten Bilder? und woher stammt, wer und wo ist der einige und einsame und verlassene Gott?" so diente die Oberflächlichkeit, mit welcher solche Männer die christlichen Dogmen behandelten, nur dazu, auch die tiefer Denkenden in der vorschnell gefaßten Meinung zu befestigen, daß das Christenthum wie jede Gottesverehrung, die sich nicht auf die sinnliche Wahrnehmung stütze, die Verirrungen der Phantasie und die Träumereien des Fanatismus nicht zu zügeln im Stande sei; so konnte man sich wohl dazu verstehen, Jesum Christum unter die alten Gottheiten aufzunehmen, aber es unmöglich fassen, daß man deshalb die Tempel der alten Heroen verlassen müsse, welche die Welt mit Erfindungen und Gesetzen beglückt oder sie von Ungeheuern befreit hatten; kurz, so war hier Nichts, was mit der politischen Gefährlichkeit der Christen hätte aussöhnen können.

Und doch, wenn das Gesetz, worin gesagt wird: „Wir haben erfahren, daß von denen, die sich zu unsern Zeiten Christen nennen, die Staatsgesetze verletzt werden: laßt sie ergreifen und bestraft sie mit verschiedenen Martern, wenn sie den Göttern nicht opfern, doch so, daß Gerechtigkeit mit der Strenge verbunden sei und daß

---
*) Man sieht: derselbe Begriff, der bei Mark Aurel XI., 3. vorkommt.

die Strafe aufhöre, wenn der Zweck erreicht ist die Verbrechen zu tilgen" — wirklich von Mark Aurel herrührt, wie es wahrscheinlich ist; wenn unter Mark Aurel die Christen von den Behörden sorgfältig aufgesucht wurden, und — während Trajan das positive Zeugniß eines unverdächtigen und offenen Anklägers forderte, ehe der Richter einschreiten durfte — jetzt das Volksgeschrei als Ankläger genügte: so will uns dies auch durch das Vorstehende noch immer nicht genügend motivirt erscheinen. Nur wenn wir das Auftreten der christlichen Religion als einen Angriff betrachten dürfen, der auf den Kaiser und auf das, was Mark Aurel für heilig hielt, geschah, nur dann begreifen wir die im Erfolg so grausame Politik dieses humanen Charakters. Und in der That, ein solcher Angriff auf den Kaiser ist das Christenthum gewesen: Mark Aurel war — fromm!

Sein Biograph Capitolinus erzählt, er habe, als in Italien die Pest gewüthet, darin eine Mahnung gesehen, den alten Kultus mit aller Genauigkeit wieder herzustellen, und zu dem Ende von allen Seiten Priester nach Rom kommen lassen, deren religiöse Feierlichkeiten sogar seine Abreise zum Markomannenkriege verzögerten, wobei es von Seiten seiner Unterthanen nicht an Spott gefehlt und das Epigramm entstanden sei, in welchem die weißen Stiere dem Kaiser sagen: wenn Du siegst, sind wir verloren! Ferner wird uns mitgetheilt, er habe in diesem verzweifelten Kriege einmal auch zu einem Mittel seine Zuflucht genommen, das ihm ein Wahrsager vorgeschlagen, indem er zwei Löwen über die Donau

schwimmen ließ, die aber von den Deutschen als große
Hunde mit Keulen erschlagen wurden. Endlich ist bekannt,
daß er seine Gattin Faustina nach ihrem Tode zur Göttin
erheben ließ: „sie wurde in ihrem Tempel mit den Attri=
buten der Juno, Venus und Ceres verehrt und beschlossen,
daß alljährlich an ihrem Vermählungstage die Jugend
beiderlei Geschlechts vor dem Altare ihrer keuschen
Schutzgottheit opfern sollte." Und so auffallend diese
Notizen dem Leser seiner Meditationen sein werden: die
Spuren solcher Frömmigkeit weist doch auch unsere
Schrift auf. Die Stellen vom Gebet V, 7. IX, 21.
gehören zu dem Ansprechendsten, was in ihnen vor=
kommt. Die spätere von ihnen strebt mehr danach die
subjective Wirkung dem Gebet zu sichern, indem ihm eine
Richtung auf geistige Güter gegeben wird, und entspricht
so dem Geist des Stoicismus. Die erstere dagegen stellt
den Glauben an die objective Macht des Betens außer
Zweifel und ist einer echt kindlich religiösen Anschauung
entsprungen, die Mark Aurel mit zu seiner Philosophie
hinzubringt, und die zugleich auf besondere Erfahrungen
in diesem Gebiete schließen läßt. Auch hat die Geschichte
eine derselben aufbewahrt. Es ist dies die Erzählung
von der wunderbaren Rettung seines Heeres im Kriege
gegen die Barbaren, von welcher christliche Schriftsteller
freilich sagen, sie sei dem Gebete einer aus lauter Christen
bestehenden Legion — in Folge des hereinbrechenden
Unwetters, das die Feinde verjagte, Donnerlegion
genannt — zugeschrieben worden, auch habe sie den
Kaiser milder gegen die Christen gestimmt, während doch

Letzteres durch die Christenverfolgung in Gallien, die drei Jahre später stattfand als dieser Vorfall, und Ersteres durch die ehernen und marmornen Denkmäler, die kaiserlichen Medaillen und die antoninische Säule in Rom genügend widerlegt wird. Es gab eine kaiserliche Münze, wo Jupiter seinen Blitz auf die zu Boden gestreckten Barbaren herabschleudernd dargestellt ist, und Bilder, welche den Kaiser Mark Aurel in betender Stellung, das Heer aber den niederströmenden Regen mit Helmen auffangend zeigen. Auch was Mark Aurel XII, 17. von der Sichtbarkeit der Götter sagt, möchten wir lieber auf solche Erfahrungen, als auf geradezu abergläubische Vorstellungen beziehen, von denen wir ihn jedoch schon der obigen Beispiele wegen nicht werden frei sprechen können, und die seiner Danksagung für Eingebungen im Traum I, 17 unleugbar zu Grunde liegen. —

Vorstehendes wird genügen, um zu erklären, warum die Meditationen des römischen Kaisers Mark Aurel so Vieles enthalten, was dem Leser unserer Tage, wie wir oben sagten, seiner eigenen Lebensanschauung entnommen zu sein scheint. Denn so mannigfach die Elemente sind, aus denen unsere Schrift zusammengesetzt ist: es ist nicht eins, das sich nicht auch im modernen Bewußtsein vorfände. War es die Aufgabe des Stoicismus, den Uebergang von den wissenschaftlichen Forschungen Einzelner zur universellen Bildung vermitteln zu helfen: auch uns liegt gegenwärtig die Tendenz vor allen nahe, die Wissenschaft zu popularisiren. War es die Prävalenz des Denkens über die Empfindung, die höhere Bedeutung, die dem intellektuellen Leben dem sensuellen gegenüber gegeben wurde, wodurch sich der Stoicismus vom Epikureismus unterschied: dem deutschen Geiste wenigstens darf es auch heut noch nachgesagt werden, daß er vorzugsweise in der Gedankenwelt lebe. War es die Skepsis, welche den moralischen Standpunkt des Stoikers zu erschüttern versuchte: auch unter uns hat sich der Zweifel eine Herrschaft angemaßt, bei der die Sittlichkeit doch meint bestehen zu können. Kosmopolitismus aber und Humanität sind Begriffe von so modernem Klange, daß sie der Unkundige als charakteristische Merkmale der neuen und neuesten Zeit anzusehen pflegt; und Aberglaube — ? ist er nicht das Zeichen jeder Zeit, die den positiven Glauben verloren hat, ohne ihn entbehren zu können?

Eine solche Analogie, könnte man sagen, gereicht dem modernen Bewußtsein zu keiner Ehre. Aber wie? wenn man sie noch weiter fortsetzen und sagen dürfte: wie jener Kampf, den Humanität und Bildung mit dem Christenthum eingingen, ein Kampf also, in dem sich die Idee eines „obersten Reiches," zu dessen Bürgerschaft Alle berufen seien, und die thatsächliche Gründung dieses Reiches, wo das Streben nach einer Herrschaft des Geistes über das Fleisch und diese Herrschaft selbst einander feindlich gegenüber stehen, wie ein so unnatürlicher Kampf nur das Ende dieser Humanität und dieser Bildung vorbereiten konnte: so arbeite auch die „moderne Welt" in ihrer Verleugnung des Christen=

thums, durch welches sie geworden, an ihrem eigenen Untergange — ??

Jedenfalls fordert eine Schrift, die theils im Geräusch des Lagers, theils im Angesicht einer vielfach geängsteten Volksmenge, oder bei den Stürmen, mit denen Pest und Hungersnoth vor Allem auch den Palast des Staats=oberhaupts bedrohen, geschrieben ist, und die doch Nichts als Stille und Sammlung des Gemüths athmet, auch den Leser zu einer Intensität der Selbstbeschauung auf, die gegen jede Hemmung des Gedankenlaufs von Vorn herein protestirt und sich gleichsehr berechtigt sieht, aus der Betrachtung stoischer Seelengröße Gewinn zu ziehen für's eigene Leben, wie bei derselben sich — nur in der Anschauung welthistorischer Probleme zu ergehen. —

Bemerkung.

Ausgelassen sind die Stellen des Originals:

II., 12. IV., 27 f. VI., 3—5. 45. 47. 54—56. VII., 1. 6. 10. 12. 14. 19. 21. 25. 28—30. 34. 44—46. 49. 52. 57. 66. 69. 72. VIII., 6 f. 11 f. 19. 21. 22. 24—31. 37 f. 44. 46. IX., 7. 11 f. 14 f. 17—20. 22. 24 f. 30. 32. f. 36—39. X., 4. 10 f. 18. 24. 26 f. 32. XI., 5. 17. 23 f. 26. 28. f. 31. 33. 35. 37 f. XII., 7 f. 10. 12. f. 18. 20. 22—25. 31—35.

Verbesserung. S. 160 Z. 8 von unten ist 41 statt 44 zu lesen.

Druck von Robert Nischkowsky in Breslau.

CPSIA information can be obtained
at www.ICGtesting.com
Printed in the USA
LVHW020059100222
710699LV00017B/475